JAMIL CHADE

LUTO
REFLEXÕES SOBRE A REINVENÇÃO DO FUTURO

SÃO PAULO

2022

CONTRACORRENTE

Copyright © EDITORA CONTRACORRENTE
Alameda Itu, 852 | 1º andar |
CEP 01421 002
www.loja-editoracontracorrente.com.br
contato@editoracontracorrente.com.br

EDITORES
Camila Almeida Janela Valim
Gustavo Marinho de Carvalho
Rafael Valim
Walfrido Warde
Silvio Almeida

EQUIPE EDITORIAL
Coordenação de projeto: Juliana Daglio
Revisão: Armando Olivetti
Preparação de texto: João Machado
Revisão técnica: Amanda Dorth
Diagramação: Pablo Madeira
Capa: Mariela Valim
Ilustração: Lucia Brandão

EQUIPE DE APOIO
Fabiana Celli
Carla Vasconcelos
Fernando Pereira
Lais do Vale
Valéria Pucci
Regina Gomes

Dados Internacionais de Catalogação na Publicação (CIP)
(Câmara Brasileira do Livro, SP, Brasil)

Chade, Jamil
    Luto : reflexões sobre a reinvenção do futuro / Jamil Chade.
-- São Paulo, SP : Editora Contracorrente, 2022.
    ISBN 978-85-69220-85-5
    1. COVID-19 – Pandemia 2. Negacionismo 3. Pandemia – Aspectos
sociais 4. Política social –Brasil 5. Reflexões I. Título.
21-87160   CDD-361

Índices para catálogo sistemático:
1. Reflexões : Bem-estar social 361
Aline Graziele Benitez – Bibliotecária – CRB-1/3129

⊚ @editoracontracorrente
f Editora Contracorrente
🐦 @ContraEditora

SUMÁRIO

PREFÁCIO 8

INTRODUÇÃO 12

PARTE 1: EXILADOS 17

1 – A crise que definirá nossa
geração 18

2 – Há uma década, políticos
resgataram bancos. Agora,
terão de socorrer gente 26

3 – O mundo não pode voltar à
"normalidade" 32

4 – O que vem depois de uma
pandemia? 38

5 – As veias abertas do mundo 48

6 – Para vencer a Covid–19, o
mundo terá de se reencontrar
como humanidade 56

7 – A vacina mostrou que a ideia de humanidade é um sonho distante ... 62

8 – O amor: a vacina da resistência contra a era do ódio ... 68

PARTE 2: A GUERRA PELO BRASIL ... 75

9 – A República profanada ... 76

10 – Pandemia do ódio e da desinformação como estratégia de poder ... 84

11 – O fim da legitimidade ... 90

12 – Não esperem pelos tanques ... 98

13 – O luto como resistência ... 104

14 – Basta! ... 110

15 – Em defesa da República ... 116

16 – Vacina revelou como estamos isolados ... 120

17 – Dança macabra sobre mais de 200 mil corpos brasileiros ... 128

18 – Carta ao senhor presidente ... 132

19 – "Cemitério do mundo", Brasil vê o enterro do que restava de sua reputação ... 136

20 – A guerra do Brasil ... 142

21 – Brasil, indignai-vos ... 146

22 – E se Gagarin tivesse pousado no Brasil? ... 152

23 – Se puder, evite mostrar passaporte brasileiro ... 158

24 – Seleção tem encontro marcado com a história ... 164

25 – Silêncio da seleção é cumplicidade diante da morte ... 170

PREFÁCIO

As reflexões de Jamil Chade são um libelo de luta e resistência num tempo assombrosamente difícil.

Viver e refletir a vida na dor e na força do amor não são tarefas fáceis, ainda mais, num tempo de polarizações e retórica do ódio.

Tratar a notícia e refletir sobre a realidade informada sem desumanizar a vida, sentindo a dor dos exterminados, é para poucos. Jamil Chade nos conduz com maestria pelas sendas da dor sem perder a ternura e sem deixar de indignar-se com o ódio e a indiferença que matam e festejam a morte.

Estamos vivenciando a linha do tempo da pandemia de Covid-19 em uma nação ferida pelo negacionismo, onde ações e omissões são responsáveis por muitas mortes, por órfãos, abandono, fome, desemprego e desalento. A esperança e o senso ético nos ajudam a continuar a luta. A tornar o luto em luta e a reinventar o futuro.

O futuro que será regado por nossas lágrimas como sementes que vão florescer, teimosamente, no chão onde foram plantadas com esperança e mãos feridas.

Jamil Chade nos ajuda a manter a coragem de lutar e sonhar, indignados, mas com esperança teimosa, que insiste em não desaparecer.

Todos e todas fazemos parte desta história, o importante é saber de que lado estamos, sem medo de perder e sem a obsessão de ganhar. Lutar e saber que a luta é histórica, com desafios e contradições.

Quem ama é imortal. Quem ama não morre jamais!

Pe. Júlio Lancellotti

INTRODUÇÃO

Reinventar o futuro é uma tarefa muito ambiciosa e, também, um sinal de humildade. Ambiciosa por ser a constatação de que somos nós os agentes de um destino. Mas um gesto de humildade por ser um reconhecimento explícito de que o caminho que percorríamos era insustentável, injusto e simplesmente destrutivo.

O calendário que me perdoe, mas entre 2020 e 2021 vimos o ato fundador do século 21. Declarou-se de maneira solene que a era do mundo infinito e do progresso ininterrupto havia chegado ao fim. Inicia-se a era do reconhecimento da vulnerabilidade do ser humano no planeta. Consolida-se a noção de que o contrário de uma sociedade pobre não é uma sociedade rica, mas uma sociedade justa.

A pandemia zombou das fronteiras, desmontou teses nacionalistas e ignorou ideologias. O mesmo surto chegou talvez como um último alerta de que nada é inevitável e mesmo avanços sociais, democráticos e econômicos aparentemente consolidados podem se desmanchar.

Este, porém, não é um livro sobre a pandemia. É sobre uma luta: a de construir nosso destino comum. Antes mesmo de o vírus da Covid-19 desaparecer, se é que um dia isso vai ocorrer, precisamos nos lançar na busca por um novo alicerce para um futuro distinto.

As breves reflexões que este livro traz não pretendem ser nem definitivas nem, muito menos, verdades absolutas. Apenas apreciações e percepções que contribuam para um debate mais amplo que teremos de ter.

Alguns dos textos foram escritos como uma explosão de indignação, no calor de eventos em Genebra, na Suíça, um dos epicentros da resposta global à pandemia. Outros artigos me atormentaram por noites até serem traduzidos ao papel. Certos fragmentos foram escritos pelo coração. Outros tantos, pelo fígado.

Se a pandemia mostrou que a inevitabilidade não existe, há um aspecto otimista nisso: não há nada, portanto, indicando que não podemos mudar, ou que o porto de chegada já está determinado. A construção do futuro está em nossas mãos, não sob o controle de um vírus, de uma peste ou de um verme.

Mas a reinvenção terá de vir como uma revolução. Retomar o caminho que existia antes não basta. O trajeto, o mapa, os instrumentos que nos norteiam e até o meio de transporte precisam ser refeitos e reconsiderados.

INTRODUÇÃO

E por isso tal tarefa de reinvenção tem um caráter profundamente subversivo. A subversão de inovar e não pensar apenas em respostas nacionais. A subversão de chamar novos cartógrafos e rejeitar a simples continuação de um projeto excludente. A subversão, no fundo, de pensar no ser humano como único porto de desembarque.

A luta pela reinvenção do futuro não é uma opção. Em jogo está nossa sobrevivência.

PARTE 1

EXILADOS

1

A CRISE QUE DEFINIRÁ A NOSSA GERAÇÃO

Nesta semana, recebi um *e-mail* profundamente triste. Uma antiga colega jornalista havia falecido. Nenhuma relação com o coronavírus. Mas o mesmo *e-mail* trazia uma segunda notícia dramática: a cerimônia fúnebre prevista estava cancelada. Desta vez, sim, a culpa era do coronavírus. Um enterro solitário.

Não faltaram casamentos adiados, ampliando por alguns meses a vida de solteiro de alguns. Todos eles serão remarcados? As cortinas de milhares de teatros caíram, derrubando milhares de empregos. Todos esses profissionais voltarão aos palcos?

O que parecia uma história exótica de uma região da China ganhou, de forma silenciosa e invisível, o resto do mundo. Por semanas, nos corredores da Organização Mundial da Saúde (OMS), eu ouvia de dirigentes e técnicos: "Acordem, isso tudo é muito grave".

Agora, depois de muita hesitação, o continente europeu e o resto do Ocidente começaram a entender a dimensão do problema. Descobrimos um mundo vulnerável e dependente.

A partir desta semana, quase 200 milhões de pessoas estão em quarentena completa ou parcial pela Europa. O vírus colocou uma parte importante do mundo em isolamento. Um exílio em suas casas, um exílio do contato social.

Sempre cauteloso com suas palavras, o diretor-geral da OMS, Tedros Adhanom Ghebreyesus, foi claro nesta segunda-feira sobre a dimensão da crise. "Ela definirá nossa geração", afirmou. Ela testará nossa confiança na ciência e coloca em xeque a relação entre lideranças políticas e seus cidadãos, justamente no momento em que essa relação está corroída.

Dramático é folhear nos últimos dias os jornais italianos e descobrir que a seção de óbitos se estende por dez páginas. O coronavírus só é invisível para quem não quer vê-lo.

A pandemia também traz o pior e o melhor da sociedade. Descobrimos a falta de escrúpulos de quem usa tal situação politicamente. E daqueles que, ignorando os cientistas, colocam uma população em risco em nome de um egoísmo que flerta com o crime. Na França, apesar de o vírus bater à porta, eleições municipais foram mantidas, obrigando as pessoas a se encontrar em locais de votos. No Brasil, Jair Bolsonaro deu uma clara demonstração de que não sabe o papel de um presidente ao convocar as pessoas às ruas.

1 – A CRISE QUE DEFINIRÁ A NOSSA GERAÇÃO

Nas filas dos supermercados ou de serviços essenciais, descobrimos quem é quem. Na espera para comprar botijão de gás, uma senhora idosa que estava sendo atendida buscava suas moedas e levou certo tempo para encontrá-las. Enquanto isso, alguém tentou furar a fila sob a justificativa de que não tinha a vida toda para esperar.

Mas também presenciei como mães e pais se organizavam numa farmácia para dividir as fraldas ainda existentes no tamanho que precisavam. A solidariedade deve ser mais contagiosa que o vírus.

Ficamos aliviados quando ouvimos histórias de vizinhos que saíram às sacadas para cantar juntos na Itália e na Espanha. Um sentimento de comunidade real surgido às sombras do mundo virtual?

Mas a quarentena também impõe perguntas desconfortáveis ao mundo. Como é que certos governos gastam mais em armas que em remédios? Em 2018, o mundo destinou 1,8 trilhão de dólares dos orçamentos públicos para o setor militar. A OMS estima que precisa de 7 bilhões de dólares para lidar com o vírus.

Outra pergunta inconveniente se refere ao destino dos mais pobres nesta crise. Para uma classe privilegiada do mundo, nunca foi tão fácil vencer uma pandemia. Fechados, temos as janelas abertas ao mundo graças às dezenas de conexões e possibilidades tecnológicas. Mas nos campos de refugiados as pessoas estão mais presas do que nunca.

Curioso como, num momento de agonia coletiva, a mão invisível do mercado parece não ter poderes para lidar com um inimigo. Resta apenas a ironia de ver ultraliberais perguntando: onde está o Estado?

A constatação é simples: a dificuldade em dar uma resposta ao vírus é o preço que o planeta está pagando por décadas investindo pouco no serviço público.

Desconcertante também é perguntar onde foram parar os líderes. Aqueles que deveriam chamar para si a responsabilidade pelo destino do mundo optaram pela miopia de uma disputa política por mandatos e influência.

Inquestionável por décadas, a abertura de fronteiras também foi suspensa, e a Europa, por algumas semanas, voltará a manter a desconfiança sobre seus vizinhos. O fechamento, agora, pode servir como uma insurreição das consciências de que os luxos do século 21 foram conquistas sociais que o século 20 nos deixou. E conquistas que envolveram o sangue de muitos.

As mesinhas nas calçadas pela Europa não são apenas um hábito de lazer. Trata-se de uma parcela

1 – A CRISE QUE DEFINIRÁ A NOSSA GERAÇÃO

do contrato social de democracias vivas. A garantia da segurança pública, a garantia da renda, a garantia do tempo de lazer, a garantia de participação. Ao vê-las vazias, recolhidas e empilhadas, fica a sombra da possibilidade de que nada é irreversível.

E se usássemos esta quarentena para desenhar um modelo que amplie a democracia e garanta a ocupação dos locais públicos seja um direito universal? E se o isolamento fosse usado como incubadora de uma nova geração de líderes? E se o isolamento fosse aproveitado para ajudar nossos filhos, sem escolas por semanas, a desenhar a letra 'A'? 'A' de ágora.

Em seu livro *A peste*, Albert Camus conta como a doença que se espalhava pela cidade de Orã gerava em cada um dos moradores um sentimento diferente de exílio e isolamento. Distância daqueles que amamos, de nosso país de origem e até de uma amante.

No começo, todos queriam acelerar o tempo para decretar o fim da peste. Com o passar do tempo, alguns desistiram, enquanto outros criaram fantasias paralelas para manter a razão.

Todos eram vítimas da mesma epidemia. Todos estavam em um exílio de seus universos. Mas se isso os unia, todos viviam a profunda desconfiança mútua. O resultado: estavam isolados em seu sofrimento.

O nosso exílio que começa nesta semana pela Europa e que pode chegar a outras partes do mundo não pode ser desperdiçado. Uma oportunidade única para a sociedade, fechada, olhar para si mesma e se examinar. Temos como construir uma geração fincada na responsabilidade social?

Entre as milhares de mensagens que circularam pelo Velho Continente nos últimos dias, uma delas tocava no coração do orgulhoso povo europeu, repleto de batalhas. "Nossos avós foram convocados a sair de casa para lutar por sua sobrevivência. Nós, desta vez, estamos sendo convocados a ficar em casa".

A OMS garante que há como vencer o vírus. Mas ele deixará como legado uma necessidade real de repensar nossa existência.

17 de março de 2020

El País

2

HÁ UMA DÉCADA, POLÍTICOS RESGATARAM BANCOS. AGORA, TERÃO DE SOCORRER GENTE

Quando o Lehman Brothers quebrou em setembro de 2008, o que se viu nos dias seguintes foi um esforço inédito para colocar em volta de uma mesa os maiores banqueiros do mundo e autoridades monetárias, buscando socorrer a economia internacional.

Aquela instituição supostamente sólida era a ponta de um *iceberg* de um sistema corroído. Em poucos meses, governos de todo o mundo destinaram 9 trilhões de dólares para salvar seus bancos e cassinos, diante da maior crise do capitalismo em 70 anos.

Contas públicas quebraram, governos mentiram e políticos caíram, mas o sistema foi preservado.

Uma década depois, é o Estado uma vez mais que volta a ser convocado para assumir o papel central de salvador. Mas, agora, não bastarão reuniões com bancos e salvar o mercado financeiro. Não falta liquidez nos bancos.

O resgate terá de ser ao povo, o que exige uma transformação importante na lógica de governos que, nos últimos anos, desmontaram modelos de proteção social, reduziram benefícios e acusaram milhões de "vagabundagem" por se apoiarem no Estado.

No Reino Unido, a crise chega em um momento complicado para o setor de saúde, alvo de sucessivos cortes nos últimos anos. Resultado: o país tem hoje uma das menores taxas de leitos por habitantes entre os países ricos e inferior mesmo à China.

Em tantos outros lugares, os efeitos do resgate de 2008 e 2009 ainda são sentidos e traduzidos em cortes de seguro-desemprego e aumento da idade mínima de aposentadoria.

Agora, justamente quando o sistema foi desmontado em grande parte, esta pandemia desembarca em um mundo que optou por estar despreparado.

Estimativas da Organização Internacional do Trabalho (OIT) apontam que 25 milhões de pessoas podem perder seus empregos por conta da atual crise. E fica a pergunta: qual rede social vai preservar a dignidade dessas pessoas?

Alguns governos já se deram conta de que o apoio terá de ir diretamente à população. Na Austrália, o plano anunciado pelo primeiro-ministro Scott Morrison previa um cheque de 750 dólares australianos para os mais vulneráveis. Bancos foram instruídos a ampliar os prazos de pagamento de dívidas

2 – HÁ UMA DÉCADA, POLÍTICOS...

de pequenas e médias empresas, enquanto isenções fiscais entrarão em vigor.

Pequenas empresas também poderão tomar emprestado recursos, colocando o governo como fiador. O seguro-desemprego foi dobrado, enquanto outras medidas continuam a ser avaliadas.

Pela Europa, o caminho é semelhante. Na Alemanha, o governo passou a dividir com empresas os gastos por manter milhões de pessoas empregadas. Na Irlanda, empresas poderão pagar seus empregados e receber uma compensação de até 203 euros por semana por parte do governo. Para aqueles contaminados por coronavírus, o Estado reembolsará as empresas em 305 euros.

Mas isso não vai ser suficiente, e a crise exigirá de governos uma ação de escala ainda maior para resgatar seus cidadãos. No total, os trabalhadores podem perder uma renda de 3,4 trilhões de dólares, afirma a OIT. O risco é de que a pandemia crie uma legião de novos pobres.

Para os próximos dias, a ONU e entidades internacionais vão se unir para lançar uma operação humanitária global, na esperança de sair ao resgate de milhões de pessoas que, ainda que sãs, passarão a ser ameaçadas de desnutrição ou outras doenças diante da falta de recursos.

Especialmente preocupante é a situação de milhões de pessoas que, apesar de trabalharem, já vivem à beira da miséria.

"Ao contrário da crise financeira de 2008, injetar capital apenas no setor financeiro não é a resposta. Esta não é uma crise bancária – e, na verdade, os bancos devem ser parte da solução", disse o secretário-geral da Organização das Nações Unidas (ONU), António Guterres.

"E não é um choque comum na oferta e na procura; é um choque para a sociedade como um todo. A liquidez do sistema financeiro deve ser garantida, e os bancos devem usar sua resiliência para apoiar seus clientes", afirmou. "Mas não esqueçamos que isto é essencialmente uma crise humana", alertou.

"Acima de tudo, precisamos nos concentrar nas pessoas – trabalhadores com salários baixos, pequenas e médias empresas e os mais vulneráveis. E isso significa apoio salarial, seguros, proteção social, prevenção de falências e perda de empregos", defendeu.

"A recuperação não deve vir nas costas dos mais pobres – e não podemos criar uma legião de novos pobres", alertou. "Precisamos colocar os recursos diretamente nas mãos das pessoas", completou.

Desta vez, o que está em jogo não é o sistema capitalista, mas a vida de milhares de pessoas. De forma

2 – HÁ UMA DÉCADA, POLÍTICOS...

irônica, a pandemia volta a dar cara ao Estado. Ela testa a relação de confiança entre autoridades e cidadãos, justamente num momento de fratura profunda nesse pacto social.

Não serão banqueiros ou megaempresários que salvarão as comunidades com sua filantropia. Nem muito menos um patriotismo oco de redes sociais com a repetição de palavras como "mito".

Não serão caças ou submarinos, nem o porte de armas, que trarão um sentimento de segurança, mas um sistema de saúde robusto. Um Estado resiliente e que tenha o cidadão como prioridade.

Nos últimos dias, diante da certeza de uma recessão no mundo, a Organização para a Cooperação e o Desenvolvimento Econômico (OCDE) fala na necessidade de se criar um novo Plano Marshall. Mas, desta vez, o que está em jogo não é a sobrevivência de uma elite no poder financeiro-político, e sim um resgate que impeça a transformação da pandemia em miséria para aqueles que consigam sobreviver.

24 de março de 2020

El País

3

O MUNDO NÃO PODE VOLTAR À "NORMALIDADE"

Não são poucos os religiosos que apontam a ressurreição de Cristo como o principal pilar da Igreja. Sem ela, argumentam, a fé cristã simplesmente não existe. O próprio Vaticano chega a apontar a Páscoa como um evento mais central na vida do cristianismo que o próprio Natal.

Mas, ao longo dos séculos, o Natal foi reinventado. O historiador Stephen Nissenbaum, em sua obra *The Battle for Christmas: A Social and Cultural History of Our Most Cherished Holiday*, relata como a festa de final de ano foi secularizada e transformada praticamente em um feriado burguês. A festa ainda passou a se desenvolver de mãos dadas com um "novo" fenômeno: a ascensão de uma classe média a partir do século 19 e a celebração da infância.

Ainda que os tetos de supermercados sejam tomados por ovos de chocolate, a realidade é que a Páscoa e seu sentido de ressurreição não tiveram o mesmo destino do Natal. Em compensação, mantiveram o significado teológico preservado.

Neste ano, tal evento religioso ocorre em igrejas vazias, salvo em alguns rincões de radicais que se recusam a acreditar na ciência. O vazio não ocorre pela falta de fé, pois as cerimônias foram transferidas para redes sociais e grupos de *WhatsApp*. Ocorre por culpa de uma pandemia que levou religiosos e agnósticos a buscar um sentido para o momento de transição no planeta.

Enquanto bilhões de pessoas estão confinadas, governos buscam formas para sair da crise e retomar a normalidade. Descobrimos que existe um enorme vácuo de liderança e que, mesmo na crise definidora de nossa geração, políticos mergulham na busca por poder e influência global.

Lenta e descoordenada, a comunidade internacional eventualmente conseguirá chegar a um plano de ação. Provavelmente tardio. A incapacidade de agir de maneira mais eficiente custará muitas vidas. Em breve já serão 100 mil mortos.

Mais cedo ou mais tarde a retomada virá, e pacotes avaliados em mais de 5 trilhões de dólares já foram anunciados por governos para resgatar suas economias e, em alguns casos, seus trabalhadores. A meta de todos: voltar à normalidade.

Mas será que convém ao mundo retornar a tal situação pré-pandemia?

3 – O MUNDO NÃO PODE VOLTAR...

A "normalidade" consistia em aceitar que cerca de 4 bilhões de pessoas não estavam cobertas por nenhuma medida de proteção social.

A "normalidade" significava que 821 milhões de pessoas – aproximadamente uma em cada nove pessoas no mundo – estavam subnutridas. Depois de anos de queda, a curva da fome voltou a aumentar no mundo desde 2015.

Quase 20 milhões de crianças não receberam vacinas durante o primeiro ano de vida. Em 40% dos países do mundo, existiam menos de 10 médicos por 10 mil pessoas.

Apenas 60% das pessoas em todo o mundo contavam com uma pia, com água e sabão, em casa. Ou seja, 3 bilhões de pessoas viviam sem instalações básicas para simplesmente lavar as mãos em casa.

Um terço de todas as escolas primárias carecia de água potável, saneamento e serviços de higiene. Um em cada quatro centros de saúde no mundo não tinha água.

Como ousam, portanto, falar em voltar à normalidade?

Pacotes para sair ao resgate de milhões de pessoas serão necessários. Mas não darão conta de transformar as condições de base que abriram, justamente, uma avenida para que a pandemia tomasse a dimensão que ganhou.

Abreviando a vida de milhares de pessoas e se transformando no espelho de um modelo de mundo esgotado, a morte anunciada em forma de números revelou a profunda vulnerabilidade do planeta. Ninguém mais pode dizer que tem um sistema de saúde sólido. Ninguém.

O inimigo invisível nos exige fazer perguntas incômodas. Não vamos precisar de pacotes de resgate, mas de um plano de ressurreição que exigirá humildade de líderes, dinheiro e novas prioridades. Vai exigir coordenação entre países rivais, partidos rivais, ideologias rivais.

Enfim, um novo pacto social, capaz de conduzir o mundo a um compromisso para reduzir suas desigualdades. Caso contrário, estaremos apenas estabelecendo uma nova base para a próxima pandemia.

"Os seus mortos viverão. Os cadáveres do meu povo se levantarão", diz um dos versículos do Livro de Isaías. "E a terra deixará que os impotentes na morte voltem a viver".

Os impotentes na morte são os bilhões de seres humanos que, ainda que vivos, estão num limbo

3 – O MUNDO NÃO PODE VOLTAR...

existencial permanente. Uma prisão perpétua, onde a única liberdade que se tem é a de morrer.

Não há como aceitarmos voltar à "normalidade".

11 de abril de 2020

El País

4

O QUE VEM DEPOIS DE UMA PANDEMIA?

O ano de 2019 foi dos protestos. Do Chile à Catalunha, de Paris ao Sudão, as ruas arderam. Muitos desses movimentos foram silenciados pela pandemia e pelo cheiro da morte que o vírus deixou. Entre líderes políticos, movimentos sociais e mesmo serviços de inteligência, a pergunta que permanece é uma só: esses protestos serão retomados uma vez superado o vírus? E quais abalos políticos serão sentidos como eco da crise sanitária?

Ao longo dos séculos, surtos e epidemias transformaram países, populações e o destino de guerras. Agora, o resgate da história também nos revela que não são raras as ocasiões em que pandemias foram seguidas por revoltas e distúrbios sociais, além de uma nova ordem mundial.

Em 2020, há uma diferença fundamental entre tudo o que ocorreu no passado e a atual crise: o avanço inédito da ciência. Em um tempo recorde, o mundo terá mais de uma vacina, no que está sendo considerado dentro da Organização Mundial da Saúde (OMS) como a vitória definitiva da ciência contra a ideologia.

Também ficou claro que o populismo mostrou suas limitações nas urnas, e que lideranças robustas como a de Angela Merkel ou Jacinda Ardern se fortaleceram.

Mas, ainda assim, resgatar a história pode servir de guia, principalmente diante de um mundo profundamente desigual que ameaça, uma vez mais, deixar bilhões de pessoas às margens do avanço da medicina.

Uma dessas vacinas, por exemplo, exige estoque em local com temperatura de 70 graus Celsius negativos. Um desafio que mais parece um capítulo de ficção científica para 900 milhões de pessoas pelo mundo que ainda fazem suas necessidades básicas ao ar livre por falta de simples privadas e banheiros.

Susan Wade, professora de história no Keene State College, nos Estados Unidos, traça um paralelo entre a situação atual e a revolta na Inglaterra de 1381. Naquele momento, a peste bubônica havia feito milhares de mortes, uma tragédia que se somava à exploração do trabalho dos camponeses.

"E como hoje, a maioria da riqueza era detida por uma elite que compreendia cerca de 1% da população", disse. Quando uma doença mortal começou a se alastrar, pediu-se aos mais vulneráveis e impotentes que pagassem a conta da crise. "Mas eis que os camponeses decidiram responder", apontou.

4 – O QUE VEM DEPOIS DE UMA PANDEMIA?

Essa, portanto, foi a origem da revolta camponesa na Inglaterra.

Entre historiadores, há ainda um acirrado debate acerca do papel de uma epidemia como um dos fatores que poderiam ter contribuído para uma destruição final do Império Romano e jogado a Europa em sua era da escuridão. A partir do ano 541, uma peste ganhou força no Egito, atingiu Alexandria e outras cidades, até chegar à região palestina e subir até Constantinopla, a então capital do Império Romano do Oriente.

O imperador Justiniano, que havia chegado ao trono com a ambição de resgatar a glória do Império Romano, foi um dos infectados. Ele sobreviveu. Uma parcela dos especialistas, porém, aponta que o que não sobreviveu foi seu império, derrotado em parte por um micro-organismo. Sem soldados diante da peste e com a fome que se alastrava, ele viu territórios conquistados serem tomados por revoltas e seu poder acabar minado em todas essas regiões.

Para o historiador Procópio de Cesareia, no auge da crise sanitária a cidade de Constantinopla – atualmente Istambul – perdia 10 mil pessoas por dia. A capital teria perdido 40% de sua população, e, por todo o Império, 25% dos habitantes não sobreviveram.

Nos últimos anos, o relato de Procópio tem sido visto como exagerado. Historiadores das Universidades de Jerusalém e de Princeton, por exemplo, insistem em que não existem evidências para provar o que a narrativa construída ao longo de séculos estabeleceu em termos de mortes. Para eles, portanto, não se pode atribuir à peste o fim do Império Romano.

A realidade, porém, é que por quase 200 anos a peste assolou a região em diversas ondas e gerou diferentes revoltas. Quando finalmente desapareceu, o mundo vivia uma nova geopolítica.

Na Itália, outro estudo traça uma ligação entre pandemia, surtos e eclosão de rebeliões. "Em diferentes graus, a maioria das grandes epidemias do passado parece ter sido incubadora de agitação social", apontaram Massimo Morelli, professor de ciência política na Universidade Bocconi, em Milão, e Roberto Censolo, professor da Universidade de Ferrara.

Em estudo publicado na revista acadêmica *Peace Economics, Peace Science and Public Policy*, especialistas analisaram protestos e agitações sociais nos períodos próximos a 57 epidemias pelo mundo. Isso incluiu desde a Peste Negra, no século 14, até a pandemia de Gripe Espanhola de 1918 e 1919.

Desses 57 casos, apenas quatro revoltas não estariam claramente relacionadas com os respectivos surtos, o que leva os especialistas a acreditarem na existência de uma possível relação entre as epidemias e distúrbios na sociedade civil.

4 – O QUE VEM DEPOIS DE UMA PANDEMIA?

No caso específico da Covid-19, os acadêmicos deixam claro que as restrições e o impacto econômico "estão causando um sentimento latente de descontentamento público". Para Morelli e Censolo, teorias de conspiração em torno do vírus e o seu apoio por parte de alguns líderes políticos são "sintomas de fricções potencialmente perigosas dentro da sociedade".

Onda de ódio

Já Samuel K. Cohn, professor de história medieval da Universidade de Glasgow, na Escócia, confirmou que "a doença mais mortal e devastadora da Europa, a Peste Negra de 1347-1351, desencadeou violência em massa: o assassinato de catalães na Sicília, e de clérigos e mendigos em Narbonne e outras regiões", além de ataques contra judeus, em "mais de mil comunidades na Renânia, na Espanha e França".

Antes mesmo do final da atual pandemia, a Organização das Nações Unidas (ONU) já alerta que a crise sanitária abriu uma onda de violência. Num discurso com forte tom de desespero, o secretário-geral da ONU, António Guterres, afirmou que a pandemia está gerando um "*tsunami* de ódio e xenofobia", além da criação de bodes expiatórios e ataques contra médicos, enfermeiras e jornalistas.

Segundo os levantamentos da entidade, a atual crise aprofundou o sentimento contra estrangeiros e, das redes sociais, o ódio passou para as ruas. Entre os fenômenos estão atos antissemitas com base em teses de conspiração, além de ataques contra muçulmanos. Em alguns países, Guterres afirma que os migrantes e refugiados foram apontados como os culpados pela proliferação do vírus, negando-se até mesmo seu acesso aos tratamentos médicos.

Outra dimensão do ódio têm sido os ataques contra idosos. Contra essa população surgiram *memes* desprezíveis, sugerindo que eles também são os mais dispensáveis.

Os estudos de Cohn revelam que, de fato, a xenofobia foi também uma marca da peste negra, com judeus "trancados em sinagogas ou reunidos em ilhas fluviais e queimados até a morte" por serem os supostos responsáveis pela crise sanitária. "Cruelmente, os tribunais de justiça condenaram coletivamente os judeus por envenenamento de poços e de alimentos", destacou.

Nos séculos 16 e 17, a crise sanitária na Europa desencadeou mais uma vez rumores de propagação maliciosa da peste. Desta vez, o alvo da ira eram médicos e mesmo coveiros, acusados de perpetuarem a doença por uma variedade de razões, incluindo a vontade de enriquecer.

4 – O QUE VEM DEPOIS DE UMA PANDEMIA?

Cohn conta como a praga de 1575 levou que "ciganos, negros, cantores de rua, atores e prostitutas" fossem proibidos de entrar em determinadas cidades.

Logo vieram ainda as acusações mútuas. Fora de Nápoles e pelo território que hoje se designa como Itália, o surto era conhecido como a doença napolitana. Na Alemanha, ela era chamada de doença polonesa, enquanto na Polônia era conhecida como a doença alemã.

A Gripe Espanhola de 1918 e 1919 também deixou suas marcas sociais e políticas. Em seu livro de 2017, *Pale Rider: The Spanish Flu of 1918 and How It Changed the World*, a escritora Lauren Spinney revela como a pandemia pode ter sido fundamental para a instabilidade entre as duas Guerras Mundiais.

Um dos aspectos que a crise ressaltou naquele momento foi o egoísmo como forma de sobrevivência. Uma vez terminada a crise, muitas sociedades fizeram a opção deliberada por esquecer o que havia ocorrido.

Entre os impactos, historiadores estimam que os ataques da população branca contra afro-americanos no verão de 1919 em várias cidades dos Estados Unidos têm relação direta com a doença. Aquele período de violência ficou conhecido como "Red Summer".

Um estudo realizado pelo Fundo Monetário Internacional (FMI) vai ainda mais longe e aponta indícios de que, nas cidades mais afetadas pela pandemia de 1918 na Alemanha, os primeiros germes do nazismo tomaram forma.

O levantamento indicou que as cidades com maior número de vítimas pela doença haviam registrado cortes em gastos sociais. E, em seguida, foi nesses locais que se viu um "aumento na parcela de votos conquistados por extremistas de direita".

"As mortes causadas pela pandemia de gripe de 1918-1920 moldaram profundamente a sociedade alemã", diz o documento. Ele ainda sugere que a doença pode ter mudado as "preferências sociais" das camadas mais jovens da sociedade, além de ter despertado um sentimento contrário aos estrangeiros.

O estudo não é conclusivo, mas foi amplamente usado por Kristalina Georgieva, diretora-gerente do FMI, para apelar aos governos que destinem tudo o que puderem para aliviar o impacto do vírus.

Hoje, mesmo com a vacina, o mundo pós-pandemia também é alvo de um redesenho. Bilhões de pessoas estiveram fechadas por meses, mas a disputa por poder não foi colocada em quarentena em nenhum momento.

A história do século 21 é, de fato, radicalmente diferente das pandemias da Idade Média ou do início do século 20. Mas ela mostra que abandonar

4 – O QUE VEM DEPOIS DE UMA PANDEMIA?

populações inteiras com base na sensação de que a crise está solucionada para uma parcela privilegiada do mundo é o caminho mais seguro para a tradução do profundo mal-estar em protestos e revoltas.

18 de novembro de 2020

El País

5

AS VEIAS ABERTAS DO MUNDO

Em meados dos anos 1990, um tratamento contra o HIV já existia, permitindo ampliar a sobrevivência daqueles que tinham sido infectados. Mas esse benefício da ciência praticamente só era uma realidade para aqueles que viviam em países ricos. O tratamento custava em média 10 mil dólares por ano e, assim, um paciente na África precisaria do equivalente a 20 anos de salários para pagar por apenas alguns meses do coquetel de remédios que deveria tomar pelo resto de sua vida.

Na prática, o tratamento não existia para uma enorme porção da população mundial.

De acordo com a entidade Médicos Sem Fronteiras, até que os remédios fossem disponibilizados em sua versão genérica e sem patentes para essas populações mais pobres a um custo de 1 dólar por dia, 11 milhões de pessoas morreram apenas no continente africano.

Nem todos eles teriam sido salvos se os remédios chegassem antes. Mas certamente milhões de famílias poderiam ter evitado o pior e prolongado a vida – inclusive produtiva – de seus entes queridos.

Apenas 30 anos depois, o mundo caminha para uma tragédia similar, revelando que a humanidade sofre de uma amnésia aguda quando o tema é salvar vidas.

Diante da pandemia da Covid-19, vacinas começam a chegar ao mercado e a ciência revela todo seu esplendor em promover resultados em tempo recorde. No Reino Unido, uma senhora de 90 anos, Margaret Keenan, entrará para a história como a primeira a receber a vacina num país ocidental, nesta semana. Para muitos, a esperança é de que aquela dose represente o começo do fim de um pesadelo.

Mas nem essa ciência é para todos, nem esse recorde é universal. Como já foi dito, se na primeira vez a história ocorreu como tragédia, ela se repete como farsa.

Atualmente, mais de 50% da capacidade de produção de vacinas no mundo já está reservada ou comprada por um grupo pequeno de países que, juntos, representam apenas 13% da população mundial. Levantamentos da Universidade Duke, nos Estados Unidos, revelam que Canadá, Estados Unidos e a União Europeia já garantiram doses que seriam suficientes para vacinar várias vezes toda a sua população, enquanto dezenas de governos simplesmente não contam com sequer uma dose.

5 – AS VEIAS ABERTAS DO MUNDO

Na esperança de garantir maior acesso e um melhor equilíbrio na distribuição, 100 países em desenvolvimento apresentaram um projeto ambicioso: suspender patentes de produtos relacionados com a Covid-19 e, assim, garantir sua produção genérica para permitir uma queda acentuada de preços e uma maior fabricação pelo mundo. Mas nem todos estão de acordo.

Nesta quinta-feira, uma reunião na Organização Mundial do Comércio (OMC) pode começar a definir o caminho a ser tomado. Fundamentais para a inovação, as patentes também são monopólios estabelecidos para recompensar o inventor pelos riscos que assumiu. Mas a qual preço para a humanidade?

Em salas elegantes em Genebra, na Suíça, negociadores de países desenvolvidos e detentores dessas patentes circulam na OMC com argumentos eloquentes, aparentemente sofisticados e repletos de diplomacia para justificar uma recusa ao projeto.

Para esse grupo, basta seguir a lei internacional de propriedade intelectual para assegurar um abastecimento. Por essas normas, um país pode solicitar a importação de um produto genérico caso uma situação de emergência o exija. Na teoria, isso pode fazer sentido. Mas a realidade é que, em alguns casos, tal autorização poderia levar até 3 anos para ser concedida. Quantos morrerão até lá?

Alguns desses negociadores usam ainda de argumentos reais: de que vale quebrar a patente para um remédio, tratamento ou vacina, se não existe estrada para chegar a certo povoado?

Ao apontar fragilidades dos países pobres, eles parecem ignorar como, no caso da aids, os remédios genéricos transformaram a realidade de dezenas de países.

Eles tampouco citam dados da Organização das Nações Unidas (ONU) segundo os quais, durante a atual pandemia, a importação *per capita* de produtos médicos destinados a mitigar o impacto da Covid-19 foi cem vezes maior nos países ricos, em comparação às economias mais pobres do mundo.

Tampouco se menciona como, na Itália, dois engenheiros resolveram usar uma impressora 3D para fabricar válvulas para respiradores de um hospital e foram processados por violar regras de patentes. Quantas vidas aquela impressora teria salvado?

Uma vez mais, a crise sanitária de 2020 escancara a falácia de que o avanço da ciência funciona para todos. Por décadas, empresas abandonaram pesquisas sobre doenças que afetavam os mais pobres e que, portanto, não renderiam dividendos aos investidores. Elas foram chamadas de "doenças negligenciadas", um nome hipócrita para falar, no fundo, de povos negligenciados.

5 – AS VEIAS ABERTAS DO MUNDO

Outro argumento que se desfaz na atual pandemia é de que empresas privadas precisam ser devidamente recompensadas por suas apostas na pesquisa de uma nova vacina que poderia não funcionar. Elas têm razão. Mas, antes, precisariam revelar como, apenas no caso da Covid-19, receberam o equivalente a 12 bilhões de dólares de recursos públicos de governos para garantir suas inovações.

A equação é clara: o risco é coletivo. Se uma aposta numa vacina não funcionar, a empresa tem a segurança de ser resgatada por dinheiro público. Mas em caso de vitória a patente é sua recompensa, e o lucro, obviamente, é privado.

Ao longo da atual pandemia, empresas têm alegado que precisam de 1 bilhão de dólares para desenvolver uma vacina e, portanto, querem a proteção de suas invenções. Esse mesmo setor privado, porém, não revela quanto recebe em isenções fiscais, em apoio de instituições públicas de inovação, nem qual será a margem de lucro de seu novo produto.

Na atual crise, há ainda um casamento silencioso sendo estabelecido. Nas negociações internacionais, governos de países ricos garantem a proteção a suas multinacionais e indicam que vão se recusar a aceitar a ideia da quebra de patentes de produtos relacionados com a Covid-19 na OMC. Em troca, recebem garantias de que serão os primeiros a serem abastecidos pelas vacinas.

Para preencher o vácuo, a Organização Mundial da Saúde (OMS) se apressou para criar um sistema que permita que uma parcela dessa inovação chegue aos países mais pobres, e que essas populações não sejam pisoteadas na corrida pela salvação. Assim, a aliança mundial de vacinas – a Covax – foi estabelecida.

Mas a iniciativa vive uma falta crônica de recursos e, com o que tem em caixa, simplesmente não conseguirá atingir seu objetivo de chegar a 1 bilhão de pessoas até o final de 2021 em mais de 90 países.

Em eventos na ONU, na OMS, no G-20 ou em outros fóruns internacionais, não são poucos os líderes que fazem discursos garantindo que a vacina precisa ser um bem público internacional. Mas não aceitam a quebra de patentes nem abrem seus bolsos para garantir que a inovação chegue aos países mais pobres. Promessas vazias e uma fraude à humanidade.

Uma vez mais, os ricos vão ser os primeiros a serem imunizados. Enquanto isso, o restante – frequentemente mais escuro, mais exausto, mais distante de seus sonhos e mais desprotegido – faz uma fila interminável à espera de esperança na forma de uma dose da vacina.

Em 2020, existe a cura para muitas doenças que matam. Existem alimentos para abastecer três

5 – AS VEIAS ABERTAS DO MUNDO

planetas. E existem pessoas dispostas a ir em socorro dessas populações. O que nem sempre existe é o compromisso político para que isso se transforme em realidade.

O que existe hoje no mundo é um sistema que serve para estancar o sangue de uma ferida mais profunda, sem que a estrutura de poder seja modificada e sem que o monopólio seja desfeito. Para as veias abertas do mundo, o que temos no momento são curativos improvisados e insuficientes, prestes a definhar.

Assim como nos anos 1990, fica mais uma vez claro em 2020 que a vida e a morte não dependem apenas do avanço da ciência. Mas de "quem você é" e de "onde, por acidente, nasceu".

8 de dezembro de 2020

El País

6

PARA VENCER A COVID-19, O MUNDO TERÁ DE SE REENCONTRAR COMO HUMANIDADE

"E a morte, o destino, tudo. Estava fora do lugar", já dizia a canção. Um amigo em Nova York, há poucos meses, teve de interromper uma conversa comigo por estar atrasado para um funeral. Um funeral pelo Zoom. Era o terceiro, naquela semana, em que ele participava. Todos virtuais. Todos com perdas e dores reais.

Famílias inteiras foram privadas de dar um último adeus e ficaram impedidas de buscar conforto no colo, no ombro ou no abraço de um amigo.

Conversando nesta semana com enfermeiras catalãs, na Espanha, perguntei o que havia sido mais dramático para elas diante de tantas mortes. E a resposta me deixou arrepiado: segurar o celular para que a família, a distância, confessasse erros do passado íntimo, pedisse desculpas, prometesse que seguiria os ensinamentos daquele que partia ou falasse "eu te amo" pela última vez à pessoa que estava morrendo.

Terá 2020 sido um momento chave na história do luto e dos ritos de despedida? Ao longo dos séculos, tais tradições foram moldadas pela cultura, pela realidade de cada comunidade e pela tecnologia.

Sem corpo ou sem último beijo, 2020 chacoalhou nossa forma de lidar com a morte. E, portanto, chacoalhou a vida, nossas referências, as lideranças morais e a credibilidade das autoridades.

Esqueça o calendário

Boccaccio, em 1348, escreveu sobre como sua Florença era consumida pela Peste Negra e seu impacto na sociedade. "Na medida em que nossa cidade afundava nessa aflição e miséria, a autoridade reverenciada da lei – ambas, divina e humana – afundava com ela", constatou.

Todos, sem exceção, torcemos para virar a página do calendário. Mas todas as previsões apontam que as próximas semanas verão números ainda elevados de mortes que nos farão perguntar: Já não estamos em 2021? Onde foram parar as promessas?

Temos a esperança de que 2020 terminará por uma espécie de fatalidade e que sequer temos como parar. Na nave errante em que estamos, basta esperar e teremos virado a página.

A realidade é que 2020 não terminará por si só. Não será o calendário que colocará um fim no

6 – PARA VENCER A COVID-19, O MUNDO...

ano. Mas sim a humanidade. Isso envolve romper com festas que celebram o egoísmo. Isso envolve não apenas fazer cálculos do risco individual, mas dar um fim à cegueira sobre a situação da senhora que limpa o resultado do excesso de álcool no seu banheiro e que não terá acesso a uma UTI. Isso implica solidariedade não apenas com a família. Proteger meu adversário pode significar a sobrevivência de meus mais adorados parceiros.

O abraço tão esperado

Não teremos como seguir o caminho de Orfeu e buscar nossos amados no mundo dos mortos. Só poderemos verdadeiramente homenagear aqueles que se foram em 2020 se nós, que ficamos, mudarmos a rota e transformarmos 2021 não em um ano da vingança ou da retomada. Mas da reconciliação.

A reconciliação como a capacidade de voltar a abraçar. Abraçar um amigo. Abraçar uma transformação.

Dar um ponto final em 2020 depende de nossas ações. Não das voltas que a Terra dá pelo cosmos.

Logo descobriremos que vamos nos abraçar tanto para comemorar o reencontro como para concluir o adeus que havia ficado em um limbo. Serão abraços para fechar capítulos, indispensáveis para abrir novas etapas. Indispensáveis para que possamos nos definir como humanidade.

O ano de 2021 depende de nós. E só de nós.

31 de dezembro de 2020

UOL

7

A VACINA MOSTROU QUE A IDEIA DE HUMANIDADE É UM SONHO DISTANTE

Na semana passada, as bolsas de valores de todo o mundo foram informadas de que, em 2020, a empresa AstraZeneca obteve um faturamento de 27 bilhões de dólares e dobrou seu lucro em comparação ao ano de 2019. Há poucos dias, pelos jornais financeiros, a constatação era de que a Pfizer previa que as vendas com sua vacina contra a Covid-19 gerariam uma receita de 15 bilhões de dólares.

Pelas redes sociais, proliferam *selfies* de famílias sinceramente felizes e emocionadas que brindam a chegada da vacina aos braços de avós e avôs repletos de planos. O abraço tão humano que nos fez falta durante meses parece cada vez mais próximo. O abraço que, na falta de palavras, substitui um dicionário inteiro de amor.

Esse abraço, porém, corre o risco de ser um privilégio de apenas uma porção da humanidade. Basta um mergulho nos números de distribuição das vacinas para entender que a ideia de um "planeta comum" é ainda um sonho distante de uma utopia necessária.

Mais de 181 milhões de doses da vacina já foram distribuídos pelo mundo. Uma conquista, sem dúvida. Pela primeira vez na história, o desenvolvimento de uma vacina foi realizado enquanto entidades internacionais erguiam um mecanismo para garantir que erros do passado não fossem repetidos. Ou seja: que a inovação e que a ciência pudessem chegar a todos. E não a uma minoria no planeta.

Nos bastidores, especialistas e representantes de governos mais pobres arregaçaram as mangas para preparar a distribuição nesses locais onde faltam estradas, energia elétrica e água. Tudo isso aconteceu.

Mas ficou faltando algo fundamental: solidariedade, limitada a discursos diplomáticos e fechada em cofres acumulados em armazéns em poucos países do mundo.

O assunto da distribuição de vacinas levou o Conselho de Segurança da Organização das Nações Unidas (ONU) a realizar nesta quarta-feira uma reunião de emergência, pois a paz mundial está em jogo.

Mas o fracasso moral vem em elevadas doses. Apenas dez países receberam o equivalente a 75% desses imunizantes, 20% desse total apenas nos Estados Unidos.

Outros 130 países ainda vivem a expectativa da primeira dose, com uma fila que já soma 2,5 bilhões

7 – A VACINA MOSTROU QUE A IDEIA...

de pessoas. No ritmo atual, o mundo só conseguirá vacinar 70% da população do planeta e atingir a "imunidade de rebanho" em 4 anos e 9 meses.

Para que o mecanismo de distribuição funcione e que a disparidade seja alvo de uma transformação profunda, o mundo precisa de 27 bilhões de dólares em 2021. O valor é elevado. Mas não passa de uma fração dos 11 trilhões de dólares injetados pelos governos para salvar suas economias durante a pandemia.

Entre 2008 e 2009, apenas o Tesouro americano destinou 204 bilhões de dólares para salvar os bancos do país. Apenas o JPMorgan Chase & Co recebeu o equivalente ao que o mundo precisa hoje para garantir a vacina para bilhões de pessoas. Mas, no caso dos bancos, a aprovação dos recursos foi garantida. Afinal, o que estava sendo salvo era o sistema financeiro, e não meras vidas.

Também descobrimos, nestes primeiros meses da vacinação, que o sigilo de contratos é mais importante que a transparência com recursos públicos.

Em debates acalorados entre governos, ouvimos de diplomatas que a propriedade intelectual continua vigente, mesmo diante de corpos que se acumulam, e que a quebra do monopólio para a produção global da vacina não é um caminho racional.

Fomos confrontados com governos que, enquanto fazem discursos humanistas pelos salões virtuais da diplomacia, optam por colocar limites às exportações das vacinas.

Fico me perguntando: e se eles estivessem do outro lado da fronteira, o que fariam? E se não fossem eles os donos do monopólio sobre a vacina?

Enfim, como será que definem o que é a humanidade?

Eça de Queirós decifrou a fronteira dessa noção em um de seus textos reunidos em *Cartas familiares e Bilhetes de Paris*. Ele nos lembra que essa humanidade "consiste especialmente naquela porção de homens que residem no seu bairro". "Todos os outros restantes, à maneira que se afastam desse centro privilegiado, se vão gradualmente distanciando também em relação ao seu sentimento, de sorte que aos mais remotos já quase os não distingue da natureza inanimada", escreveu no final do século 19.

Mas, hoje, qual seria exatamente o nosso "bairro"? Diante de um vírus que usou os mesmos canais da globalização virtuosa para chegar a todo o planeta, essa fronteira que define quem faz parte da humanidade foi borrada dos mapas. A era do mundo infinito da mentalidade vigente na realidade de Eça de Queirós chegou ao fim, se é que um dia existiu.

7 – A VACINA MOSTROU QUE A IDEIA...

Para que eu sobreviva, meu inimigo precisa ser vacinado. Para que a rica cidade suíça de Genebra esteja segura, Uagadugu, em Burkina Fasso, precisa receber vacinas. Para que patroas durmam protegidas de uma eventual nova variante do vírus, aquelas senhoras que passam noites acordadas cuidando de seus filhos também precisam estar vacinadas.

A realidade é que a vacina fez o planeta tirar uma *selfie*. Mas a imagem refletida é de uma sociedade disforme, injusta e egoísta.

Hoje, Charles Darwin está sendo sacudido. Não exatamente por criacionistas rejeitados até pelo Vaticano ou terraplanistas que despencaram do abismo intelectual. Mas por um imperativo moral de que o futuro de uma sociedade não pode ser deixado à mercê da sobrevivência do mais apto nem das regras cruas e cruéis do mercado.

O vírus – e agora a vacina – revelam o que o membro da resistência francesa na Segunda Guerra Mundial, Jean Bruller, já havia constatado: "A humanidade não é um estado a que se ascenda. É uma dignidade que se conquista".

18 de fevereiro de 2021

El País

8

O AMOR: A VACINA DA RESISTÊNCIA CONTRA A ERA DO ÓDIO

Vivemos uma era de tensão, de incerteza, na qual o ódio é um instrumento que ganhou legitimidade para uma parcela da população e os charlatães.

Mas a verdade é que recusar o amor no centro do debate nos custará caro demais. O preço pago por um mundo sem esse amor é insustentável. A insistência em recusar tal conceito dentro da política ou da comunidade não apenas nos torna insensíveis, mas também tenho a convicção de que nos impede de tomar as decisões mais sustentáveis. Sem amor, nossos esforços para nos liberarmos da opressão – seja ela qual for – estão fadados ao fracasso.

Claro, o amor também pode ser um instrumento de dominação e exclusão. Um ato de violência e de irracionalidade. Esse risco se corre quando essa paixão é canalizada apenas para criar e proteger uma comunidade de semelhantes. A história nos mostra que o amor à raça, à nacionalidade, a uma ideologia pode ter consequências devastadoras.

Mas não é a esse amor que me refiro. Construiu-se a noção de que o conceito de amor se refere apenas ao casal, à família ou a um grupo. O que proponho é que o amor não seja um assunto privado, que não esteja acorrentado.

Confesso que nunca entendi por qual motivo Martin Luther King é sempre lembrado apenas por sua frase "Eu tive um sonho". Tão inspiradora como tal citação é esta: "Eu decidi amar".

Em 1967, ele escreveu algo tão poderoso quanto atual:

> Eu me preocupo por um mundo melhor. Estou preocupado com a justiça; estou preocupado com a fraternidade; estou preocupado com a verdade. E, quando alguém está preocupado com isso, nunca pode defender a violência. Pois através da violência você pode assassinar um assassino, mas não pode assassinar o assassinato. Através da violência você pode matar um mentiroso, mas não pode estabelecer a verdade. Através da violência você pode matar uma pessoa que promove o ódio, mas não pode matar o ódio através da violência. A escuridão não pode apagar a escuridão; só a luz pode fazer isso. E eu digo a você: eu também decidi ficar com o amor, pois sei que o amor é, em última análise, a única resposta aos problemas da humanidade.

8 – O AMOR: A VACINA DA RESISTÊNCIA...

Em 1929, Freud havia escrito *O mal-estar na civilização*. Não vou entrar aqui nos detalhes de sua obra nem ousar debater o sentido que ele pretendia passar. Mas quero reter apenas uma ideia que ele traz ali: o amor como uma energia das mais subversivas e poderosas. Certamente ele pode ser destrutivo. Mas, e se ensinássemos a usar esse fenômeno de maneira revolucionária? E se a unidade não fosse nem o casal, nem a tribo, nem a raça, mas sim o sentimento universalista?

Já sabemos de forma explícita que a era do mundo infinito terminou. Se a emergência climática era um sinal claro disso, a pandemia veio confirmar nossa irrelevância, nossa vulnerabilidade. São fenômenos que zombam de nossas fronteiras, de nossas bandeiras.

Não estou propondo nem uma nova religião nem uma nova ideologia. Já temos bastante de ambas. O amor como prática revolucionária não é apenas sentimento, mas um plano de ação. Insisto: não acredito que isso seja algo inédito. O que é a Declaração Universal dos Direitos Humanos de 1948 senão uma carta de amor à humanidade?

A ideia é simples, ainda que nos exija inverter uma lógica. Temos de abandonar a percepção que tanto ouvimos: "Que mundo deixaremos aos nossos filhos?". Nada disso. O real desafio é nos fazermos uma pergunta muito mais desafiadora que essa: "Que geração vamos deixar no mundo?". Ou seja, que filhos estamos criando, e de que forma eles vão assumir suas responsabilidades para não cometer os mesmos erros de outras gerações?

Vejo três princípios fundamentais na base dessa insurgência das consciências. O primeiro deles é o de educar com a finalidade de formar pessoas que se interessem por cuidar. Cuidar do cachorro, do irmão, dos avós, do vizinho, de um desconhecido, de um estrangeiro, da cidade, do país e de seus bosques, do planeta e de suas maravilhas. Um sistema que incentive a trocar o *ego* pelo *eco*.

O segundo é transformar a educação numa eterna busca da tolerância. Entender o que várias culturas dizem, descobrir novos significados para gestos, compreender por qual motivo uma religião dita certos dogmas, conhecer a história. Isso passa necessariamente pela humildade, não por criar mais canais de YouTube. Exige uma educação multidisciplinar, jamais unidimensional.

Será essa tolerância que permitirá a um indivíduo sentir-se confortável e seguro diante do outro, dificultando o ódio, o medo e, portanto, o tribalismo como opção.

E o terceiro princípio é incentivar novas formas de justiça. Não se trata de ensinar a entregar roupas usadas para instituições de caridade alguns dias

8 – O AMOR: A VACINA DA RESISTÊNCIA...

antes do Natal, mas ensinar a não se conformar, a se indignar, a acreditar que se pode mudar o mundo, a sair às ruas pela liberdade, a se mobilizar, a saber que uma pessoa que dorme numa praça significa um crime, que uma pessoa faminta não é uma fatalidade, e que a morte de um desconhecido é a morte da humanidade.

O eixo, no fundo, sofre um abalo. Paradoxal, a unidade passa a ser a humanidade em sua diversidade. Cada um de nós se define como humano.

Mas, curiosamente, precisamos dos demais para comprovar que o somos. Ou seja, só existimos como força coletiva.

Quando Yuri Gagarin, em 1961, se tornou o primeiro homem a entrar em órbita, levava consigo o sonho e a loucura de séculos. Quando ele retornou, confessou que sua maior surpresa não foi ver a vastidão do universo, mas a beleza do planeta. Ele estava apaixonado pela Terra.

Ele não foi o único a entender que, ainda que sua missão fosse desbravar o cosmos, a maior descoberta que estava fazendo era de nossa própria casa, do "errante navegante". Com base nos relatos dos astronautas, anos mais tarde, o filósofo Frank White cunharia o termo "overview effect", uma reflexão sobre a visão do mundo de uma posição privilegiada e única.

Não estou sugerindo o fim do Estado-nação nem evocando John Lennon. Mas será que não existe nada maior? Será que nossa lealdade se limita a uma bandeira e a uma vida organizada na base de identidades construídas? O nacionalismo é o instrumento adequado? Será mesmo que nossa maior defesa como espécie é a fronteira? Ou seria ela nossa limitação?

Talvez o vírus invisível tenha nos dado uma última chance de despertar. Um último alerta antes de enfrentarmos um desafio existencial que nos é apresentado no século 21. Se Gagarin foi ao espaço para entender que somos um só, agora foram o confinamento, o medo e o reconhecimento da vulnerabilidade que nos proporcionaram um daqueles momentos históricos de mudança cognitiva da consciência.

Feliz dia dos namorados a todos que optem por essa resistência.

12 de junho de 2021

UOL

PARTE 2

A GUERRA PELO
BRASIL

9

A REPÚBLICA PROFANADA

A necropolítica. No campo, na floresta, na periferia. Em nome da família, crimes são cometidos. Os coveiros de nossa política externa também já fizeram o seu trabalho, enterrando as pontes construídas em cada gesto.

Saúde? Sem pânico, nem dinheiro, nem quarentena, nem pandemia. Vai passar. De pessoa a pessoa.

Na Educação, nem pensar.

Justiça? Com limites. Abusos? Diariamente e sob os olhares de Deus.

Caçarolas, panelas, frigideiras e outros utensílios de cozinhas se fazem ouvir. Seria algum rito para espantar ecos de um passado? Cúmplices abandonam as naus em chamas, e não hesitam em continuar a explorar a ignorância alheia mesmo depois de baterem a porta.

Não é apenas o gabinete que é de ódio. O discurso é repleto de morticínio. Morte de uma república profanada. Morte de poderes vulgarizados. Uma imagem destruída, ridicularizada. Um futuro sequestrado numa sucessão de sonhos afogados.

Como não pensar em Flávio Rangel e Millôr Fernandes que, em *Liberdade, liberdade,* reproduzem uma cena em que o discurso da morte se confronta com a alma inconformada de Miguel de Unamuno, reitor da Universidade de Salamanca?

Seu universo e sua Universidade tinham sido tomados por falangistas. Transcrevo com os nomes dos atores o trecho da peça teatral que, em 1966, seria alvo da censura do governo militar, o mesmo regime aplaudido e reverenciado pelo atual presidente brasileiro:

No Dia da Raça, uma cerimônia reuniu as mais importantes figuras do poder fascista. E o general Milan Astray, fundador com Franco, da Legião Estrangeira, discursava:

O militar, na voz do ator Oduvaldo Vianna Filho:

VIANNA

O fascismo vai restaurar a saúde de Espanha!
Abaixo a inteligência!

Viva a morte!

CORO

(Fazendo a saudação fascista.)

Viva a morte!

9 – A REPÚBLICA PROFANADA

VIANNA

Espanha!

CORO

Unida!

VIANNA

Espanha!

CORO

Forte!

VIANNA

Espanha!

CORO

Grande!

VIANNA

Viva la muerte!

CORO

Viva!

Caberia a Paulo Autran assumir o papel de Unamuno.

AUTRAN

Senhores!

Senhores! Meu nome é Miguel de Unamuno. Todos me conhecem. Sabeis que sou incapaz de me calar. Há momentos que calar é mentir. Desejo comentar o discurso – se é possível empregar esse termo – do general Milan Astray, aqui presente. Acabei de ouvir um brado necrófilo e insensato: "viva a morte". E eu que passei minha vida dando forma a paradoxos, devo declarar-vos, aos setenta e dois anos, que um tal paradoxo me é repulsivo.

O General Milan Astray é um aleijado.
(Reação do coro.)

Não há nesta afirmativa o menor sentido pejorativo. Ele é um inválido de guerra; Cervantes também o era. Infelizmente há na Espanha neste momento um número muito grande de aleijados, e em breve haverá um número muito maior, se Deus não vier em nosso auxílio. Causa-me dó pensar que o general Milan Astray esteja formando a psicologia da massa. Um aleijado destituído da grandeza espiritual de um Cervantes tende a procurar alívio causando mutilações em torno de si.

9 – A REPÚBLICA PROFANADA

VIANNA

Abaixo a inteligência! Viva a morte!

CORO

Viva!

VIANNA

Viva a morte!

CORO

Viva!

AUTRAN

Senhores!

Este é o templo da inteligência! E eu sou seu sacerdote mais alto. Profanais este sagrado recinto. Ganhareis, porque tendes a força bruta. Mas não convencereis. Porque para convencer é necessário possuir o que vos falta: razão e direito em vossa luta. Considero inútil exortar-vos a pensar na Espanha. Tenho dito.

VIANNA

(Com ar triunfante)

Abaixo a inteligência! Viva a morte!

CORO

Viva a morte!

VIANNA

Viva a morte!

CORO

Viva!

25 de abril de 2020

UOL

10

PANDEMIA DO ÓDIO E DA DESINFORMAÇÃO COMO ESTRATÉGIA DE PODER

Nesta semana, o secretário-geral da Organização das Nações Unidas (ONU), António Guterres, apresentou um dado revelador: no mundo, 40% das postagens numa grande plataforma social sobre a Covid-19 eram realizadas por robôs. Se o dado em si é surpreendente, a pergunta que precisa ser feita é óbvia: a quem serve tal esforço?

Por qual motivo um movimento disfarçado de indivíduos anônimos – e portanto de massa – buscaria influenciar a opinião pública sobre uma pandemia que matou nos Estados Unidos mais que a Guerra do Vietnã?

E por qual motivo líderes de nações supostamente democráticas se lançam, ao mesmo tempo, em ataques explícitos ou camuflados de "espontâneos" contra a imprensa, um eventual antídoto à proliferação de desinformação?

No domingo, em pleno Dia Internacional da Liberdade de Expressão, jornalistas foram atacados em Brasília. A opção da Presidência foi por minimizar os eventos. Dias depois, foi a vez de o próprio presidente

Jair Bolsonaro revelar sua índole mais íntima ao mandar um repórter "calar a boca" e ofender a imprensa.

Os jornalistas são apenas parte de uma nova rotina do poder. Relatos que se espalham pelo país mostram como enfermeiras e médicos estão sendo alvos de ataques de apoiadores do governo. Não faltam agressões morais contra professores, artistas, intelectuais ou cientistas, todos eles vistos como potenciais ameaças.

Enquanto isso, nas redes sociais, milhares de robôs e apoiadores autênticos de um movimento violento transformam plataformas em trincheiras da mentira.

Nos discursos, quase nunca de improviso, Deus e ódio se misturam nas mesmas frases. Judas é evocado para atacar antigos pilares do movimento. A religião passa a legitimar abusos de direitos humanos.

Pedem-se orações para um líder cuja promessa era a de exterminar o contraditório.

Todos se apresentam como pessoas de bem. Todos se apresentam como patriotas, únicos autorizados a vestir as cores nacionais.

Nas ruas, nas praças, no mundo virtual ou na violência diária, todos esses personagens têm algo em comum: o desprezo pela democracia.

O ruído causado por esse grupo, instigado por seus líderes, certamente é maior que seu número real

10 – PANDEMIA DO ÓDIO E DA...

de apoiadores. Mas ainda assim tal massa é relevante no cenário em que vivemos. Uma massa que mistura classes sociais sob uma única ideologia, com um comportamento fanático capaz de criar uma surdez crônica.

Instrumentalizada, ela cumpre justamente um objetivo, *on-line* e *off-line*: o de dar pinceladas de legitimidade popular a um movimento claramente autoritário. "Foi uma demonstração espontânea da democracia", afirmou o presidente, numa referência aos atos recentes.

Nada disso é novo. Nenhum regime autoritário foi instalado sem manipulação prévia de uma parcela da sociedade.

Hannah Arendt aponta como, anos antes da chegada ao poder de tais forças na Europa, classes foram dissolvidas em uma sociedade de massas. Já os partidos foram destruídos e substituídos por ideologias, apenas.

Em Brasília, neste fim de semana, as caravanas do autoritarismo eram a distopia de um sonho de uma cidade erguida para ser a capital de um novo século, democrático. Nas sombras dos traços do arquiteto estavam os reflexos de uma parcela da sociedade que jamais viu a democracia com entusiasmo, que sempre desconfiou da ideia do pluralismo, que jamais entendeu a noção do público e que, com seu egoísmo insultante, nutre a convicção de que as instituições são uma fraude.

Ameaçado pelo vírus e por uma recessão brutal, o governo mobiliza suas tropas cegas pela ignorância para se defender, aprofundar seu desprezo pela verdade e levar o país ao limite de sua coesão nacional.

Todos os sinais apontam na mesma direção: a democracia brasileira está ameaçada e seu desmonte ocorre em plena luz do dia. Em cada desafio disparado a um dos poderes, em cada gesto de violência, em cada mentira disseminada e em cada caixão enterrado.

O Instituto V-Dem da Universidade de Gotemburgo, na Suécia, um dos maiores bancos de dados sobre democracias no mundo, já deixou de classificar o Brasil desde o começo do ano como uma "democracia liberal". Agora, o país é uma mera democracia eleitoral.

O instituto produz e coleta informações sobre países entre 1789 e 2019 e conclui que, nos últimos 10 anos, a deterioração da democracia no Brasil só não foi maior que a realidade verificada na Hungria, Turquia, Polônia e Sérvia.

Segundo Staffan Lindberg, um dos autores do informe e diretor do instituto, tal tendência ganhou uma nova dimensão mais recentemente. "O Brasil foi um dos países no mundo que registrou a maior queda nos índices de democracia nos últimos 3 anos", alertou.

Na ONU, gabinetes da alta cúpula da entidade são tomados por preocupações em torno do

10 – PANDEMIA DO ÓDIO E DA...

discurso antidemocrático e do encolhimento real do espaço civil. Pela primeira vez em décadas, o país é denunciado nas instâncias internacionais, inclusive por flertar com o risco de genocídio.

Em outras palavras: o direito inalienável de viver numa democracia plena não está garantido.

O Centro para o Futuro das Democracias da Universidade de Cambridge, no Reino Unido, foi categórico num recente informe sobre a situação das democracias no mundo: "Para o Brasil, ao que parece, o futuro foi adiado mais uma vez".

Enquanto essa eterna promessa é uma vez mais torturada, a fronteira entre a massa hipnotizada e os robôs programados para disseminar desinformação parece se desfazer à medida que a crise institucional e de valores se aprofunda. No mundo virtual ou numa praça ensolarada, ambos têm a missão de disseminar um vírus mortal: a pandemia do ódio, capaz de aleijar uma democracia.

Como troféu, seu mito governará sobre esqueletos, mordaças e carcaças. Ainda assim, com a fumaça negra desonrando o horizonte do Planalto Central, irá declarar solenemente: "E daí?".

5 de maio de 2020

El País

11

O FIM DA
LEGITIMIDADE

Thomas Hobbes deixa claro que a liderança política é considerada como legítima na medida em que o soberano garanta a proteção de seus cidadãos. Se isso não ocorrer, o acordo pode ser desfeito e a autoridade perde sua legitimidade em governar. Esse é, no fundo, o coração do contrato social.

No campo das relações internacionais, há ainda um amplo debate sobre a legitimidade externa de um governo, com repercussões sobre seus assentos nas instituições multilaterais e sua capacidade de ser reconhecido como um interlocutor genuíno.

Em muitos sentidos, o Brasil atravessa esse debate.

Internamente, decisões e comportamentos revelaram que o governo não está interessado em assegurar a proteção de seus cidadãos. Seja na Amazônia, seja na periferia das grandes cidades.

A cada cova aberta, a legitimidade original obtida nas urnas é desmanchada. A cada ataque contra a imprensa, ela é diluída. A cada proposta de intervenção nas forças de polícia, tal direito adquirido é suspenso. A cada perdão de multas ambientais, sua autoridade é transformada em abuso de poder.

Ao colocar seus generais para ameaçar a lei, ao declarar abertamente que sua família está acima do direito, ao gargalhar quando ouviu de seu ministro que cada cidadão terá de se virar para sobreviver ou ao disparar mentiras nas redes sociais, o governo vê refletida no chão sua sombra: a silhueta do cadáver da democracia.

No plano internacional, a atual resposta do governo Bolsonaro à pandemia se soma a uma série de desastres em sua política externa. O país já havia sido colocado no centro do debate ao adotar uma postura negacionista em relação ao clima. A deterioração da imagem se aprofundou quando o presidente passou a ofender líderes estrangeiros e fazer apologia a ditadores acusados de crimes contra a humanidade.

Em diversas ocasiões, ele foi preterido por outros presidentes sul-americanos em reuniões internacionais, inclusive no G-7. O resultado passou a ser um país dependente dos mestres em Washington e, em relação ao restante do mundo, isolado.

Mas Bolsonaro – e sua rejeição em aceitar a gravidade da pandemia – transformou o país em algo mais sério que pária internacional: um risco sanitário.

11 – O FIM DA LEGITIMIDADE

Uma a uma, suas principais teses estão sendo rejeitadas pela ciência. Depois da queda de dois ministros da Saúde, o governo trocou o protocolo para incluir a cloroquina em suas recomendações. Na mesma semana, um estudo da revista científica *The Lancet* chegou à conclusão de que os riscos para a saúde superam as evidências positivas.

A Organização Mundial da Saúde (OMS), dias depois, optou por suspender temporariamente todos os testes com o remédio, medida que foi seguida pela França.

O distanciamento social também foi chancelado pela agência, indicando não haver prova de que um país com intensa transmissão simplesmente verá o desaparecimento do vírus. A única saída para um país que não tem ampla capacidade de testes, segundo a OMS, é a adoção de medidas sociais, como quarentenas ou *lockdown*.

Em termos políticos, o cenário é consequência do que o governo semeou. Na semana passada, o Itamaraty ficou de fora de uma aliança mundial criada para desenvolver uma vacina. Os diplomatas sequer sabiam que tal mecanismo estava sendo criado. Na América Latina, os protagonistas na reunião anual da OMS passaram a ser os presidentes da Costa Rica, Colômbia e Paraguai, todos comprometidos em lutar contra o vírus. A diplomacia brasileira desconhece se houve um convite ao presidente.

Mas essa exclusão não ocorreu por acaso. Ela foi o resultado de semanas de ataques por parte do governo brasileiro contra a OMS, sugerindo que a entidade fazia parte de um "plano comunista" para permitir uma maior influência da China num mundo pós-pandemia.

Em reuniões fechadas ou mesmo em público, o chanceler Ernesto Araújo vem defendendo a tese de que o vírus do comunismo precisa ser enfrentado, o que lhe valeu chacotas de seus próprios embaixadores espalhados pelo mundo.

No fim de semana, mais um golpe. E desta vez por parte do principal aliado: os Estados Unidos. O governo de Donald Trump anunciou a proibição de voos de brasileiros para os aeroportos americanos. Ainda que a medida tenha sido vendida pelo governo de Bolsonaro como uma questão "técnica", a decisão desmontou a tese do Planalto de que existiria uma relação privilegiada entre Washington e Brasília.

A medida, aos olhos do restante do mundo, também foi interpretada como um sinal de que a pandemia, no Brasil, está hoje fora de controle.

Bolsonaro ainda terá de se explicar diante da ONU. O relator das Nações Unidas, Baskut Tuncak,

11 – O FIM DA LEGITIMIDADE

decidiu ampliar suas investigações sobre o Brasil e incluir as respostas do governo à Covid-19 em seu informe que apontará as violações de direitos humanos cometidas pelo governo ao não proteger sua população.

O gesto promete aprofundar uma imagem já desgastada e levantar questões sobre a responsabilidade legal do governo diante das mortes.

Outros dois relatores também já criticaram o governo, deixando o Itamaraty irritado com a nova onda de pressão internacional. Até mesmo a Alta Comissária da ONU para Direitos Humanos, Michelle Bachelet, alertou que, se a postura negacionista do governo tivesse sido evitada, vidas teriam sido salvas. No Tribunal Penal Internacional, queixas também foram submetidas.

Enquanto isso, no Parlamento Europeu, têm proliferado cartas de deputados à Comissão Europeia pedindo que o bloco reveja suas relações com o Brasil. Na Alemanha, deputados deixam claro que não há, hoje, como ratificar o acordo comercial entre a União Europeia e o Mercosul.

Numa sociedade que começa a abrir suas portas, a Europa se depara nas prateleiras de jornais com fotos de Bolsonaro acompanhadas por palavras como "caos", "catástrofe", "morte" e "populismo". Não faltaram ainda protestos, como o que um artista organizou na fachada da embaixada do Brasil em Paris, sede justamente de um dos diplomatas mais vocais na defesa do bolsonarismo.

E, assim, o governo perdeu sua legitimidade. Interna, ao romper o contrato social com uma parcela enorme da população. E externa, ao violar deliberadamente acordos costurados para proteger o planeta.

A placa com o nome "Brazil" continuará a ser ocupada nas mesas da ONU por embaixadores que representam o governo Bolsonaro pelo mundo. E, internamente, o presidente continua em seu palácio.

Mas sua legitimidade acabou.

29 de maio de 2020

El País

12

NÃO ESPEREM PELOS TANQUES

Os primeiros sinais de uma onda de movimentos pró-democracia começam a ganhar corpo no Brasil. A sociedade se organiza, justamente um dos maiores temores daqueles no poder.

Mas diferentemente do que foram as cenas no século 20, um golpe de Estado dificilmente ocorrerá numa fria madrugada a partir de um quartel onde tenentes irão se rebelar para proteger os cidadãos de bem contra a suposta ameaça comunista.

Hoje, a morte da democracia ocorre de maneira lenta, constante e planificada. Ela ocorre todas as vezes que um conselho é esvaziado, quando mecanismos de controle e prevenção da tortura são desmontados, quando orçamentos para proteger o meio ambiente são cortados e quando, a cada fala, o Executivo deixa claro que a imprensa é a inimiga.

Ela morre em cada ato de ameaça contra os demais poderes e no amplo uso das redes sociais para intimidar juízes, deputados ou qualquer voz dissonante.

Steven Levitsky, autor do *best-seller Como as democracias morrem* (Zahar) e professor da Universidade Harvard, nos Estados Unidos, já demonstrou isso em outras partes do mundo.

"O recuo democrático hoje começa nas urnas", diz o especialista. "O caminho eleitoral para o colapso é perigosamente enganoso. Com um clássico golpe de Estado, como no Chile de Pinochet, a morte de uma democracia é imediata e evidente para todos. O palácio presidencial arde. O presidente é morto, preso ou enviado para o exílio. A Constituição é suspensa ou desmantelada", escreve.

"No caminho eleitoral, nenhuma dessas coisas acontece. Não há tanques nas ruas. As Constituições e outras instituições nominalmente democráticas continuam em vigor. As pessoas ainda votam. Os autocratas eleitos mantêm uma fachada da democracia enquanto evisceram sua substância", aponta.

"Muitos esforços governamentais para subverter a democracia são "legais", no sentido de que são aprovados pelo Legislativo ou aceitos pelos tribunais. Eles podem até ser retratados como esforços para melhorar a democracia – tornando o Judiciário mais eficiente, combatendo a corrupção ou limpando o processo eleitoral", completa.

Não há como esconder a realidade: as brechas estavam dadas. Se a democracia é a promessa de que

12 – NÃO ESPEREM PELOS TANQUES

cidadãos tenham o controle do futuro em suas mãos, a crescente desigualdade, o desemprego e a falta de perspectivas permitiram que vendedores de ilusões e charlatães usassem as urnas para convencer os eleitores de que a democracia era apenas um esquema perverso de controle da elite. Uma vez no poder, a resposta que oferecem, porém, não é o restabelecimento da democracia.

No Brasil, os golpes diários foram traduzidos numa redução do espaço cívico, na dificuldade cada vez maior em se ter acesso à informação, no corte de orçamentos para serviços públicos, na transformação da imagem de defensores de direitos humanos em "inimigos da nação", na deliberada tentativa do governo em desmontar órgãos de fiscalização, ou nas repetidas ofensivas para promover uma ingerência na independência das forças de ordem.

Na Organização das Nações Unidas (ONU), no Parlamento Europeu, na Organização para a Cooperação e Desenvolvimento Econômico (OCDE) e em tantas outras instituições internacionais, tais ações do governo vêm sendo alvo de alertas, de denúncias e de queixas. O mundo, sim, está acompanhando de perto o que ocorre no Brasil.

Também os especialistas em controle civil sobre as Forças Armadas têm acompanhado de perto como, no Brasil, o inverso vem ocorrendo. Hoje, a

Esplanada dos Ministérios está em parte militarizada. Dos 22 ministros, nove são militares. Quase 3 mil homens ainda foram cedidos pelas diferentes forças para ocupar cargos nas administrações públicas com cargos de confiança, um recorde. Em recente levantamento, o jornal *Folha de S. Paulo* mostrou como o Planalto transformou o Exército na maior empreiteira do país, com uma carteira com 1 bilhão de reais em projetos em execução.

É certo que a inaptidão de quem hoje está no poder no Brasil pode acabar causando um atrapalhado e acidental golpe tradicional, com consequências dramáticas. Mas a resistência não pode esperar que isso ocorra, para então reagir. Levitsky, mais uma vez, nos mostra o caminho: "A história não se repete. Mas rima. A promessa da história é que podemos encontrar as rimas antes que seja tarde demais".

Esperar pelo "Medico della Peste" é inútil, já que sua presença se limita a constatar que não há como salvar o paciente.

Não esperem pelos tanques. Eles talvez nunca venham. Mas, no topo do morro e antes de o sol nascer por completo, já se podem ver os contornos dos coveiros com suas enxadas cavando os fossos da liberdade.

8 de junho de 2020

El País

13

O LUTO COMO RESISTÊNCIA

O luto faz parte de diferentes culturas e religiões, confundindo-se com a própria história da humanidade. A perda é algo estudado, e especialistas nos ensinam como ela nos afeta de forma psicológica e física. Tira nosso sono e muda nossa maneira de encarar o restante de nossas vidas.

Ao longo dos séculos, as práticas mudaram. Na Idade Média, rituais relativos à morte eram públicos. O luto era de uma comunidade. Em outros locais, a morte era seguida por eventos festivos que a desafiavam com uma explícita demonstração do poder da vida.

Foi com a Primeira Guerra Mundial, por exemplo, e o fato de muitos dos garotos enviados ao *front* nunca terem voltado, que monumentos com nomes desses heróis se espalharam por praticamente todas as cidades da Europa. Nesses monumentos, até hoje, pequenos vilarejos se encontram uma vez por ano para deixar claro que existe uma comunidade de destino.

Hoje, a Covid-19 obrigou o luto a ocorrer coberto por máscaras, à distância, sem um último beijo. Num recente evento em Madri, uma enfermeira arrancou lágrimas ao resumir esse novo adeus.

"Temos sido mensageiros do último adeus para os idosos que estavam morrendo sozinhos, ouvindo a voz de seus filhos através do telefone. Fizemos videochamadas, apertamos as mãos e tivemos de engolir nossas lágrimas quando alguém nos disse: 'não me deixe morrer sozinho'. Vivemos situações que ferem a alma", disse a enfermeira.

Ao longo dos séculos, o que não mudou foi nossa necessidade de encontrar sentido num cenário despido de lógica, acima de tudo por aqueles que diretamente perderam pessoas amadas. Uma necessidade de homenagear aqueles que nos deixaram, ainda que passemos anos sonhando em silêncio com eles.

Hoje, a alma ferida de uma nação fica evidente ao atingirmos um trauma de massa. Mas, no caso brasileiro, temos sérios obstáculos para conseguir transformar essa tragédia em uma reação coletiva, em uma mobilização popular. Em parte, trata-se do resultado de anos de um processo de banalização da morte, ao ponto de contar com um chefe de Estado cujo símbolo de campanha era uma arma.

Hoje, a nação precisa ter a coragem de declarar seu luto coletivo e assumir que a morte do outro é, em parte, uma perda de todos. Uma tarefa difícil quando, nos discursos improvisados dos almoços de

13 – O LUTO COMO RESISTÊNCIA

domingo, sobra ódio contra o outro. Uma tarefa complicada quando parte da sociedade ainda acredita que uma parcela do país não tem direito a ter direitos. Ou quando, de forma hipócrita, o governo faz discursos de combate ao racismo na Organização das Nações Unidas (ONU) ao lembrar a morte de George Floyd. Mas não destina uma só palavra para lamentar a perda de seus velhos caciques na floresta.

Ao atingirmos 100 mil perdas de vidas, é o tempo de suspender tudo, recolocar nossas prioridades sobre a mesa e avaliar que sociedade queremos reerguer. Não há como seguir fingindo uma falsa normalidade.

Se não agora, quando? O que precisaremos para despertar, se nem 100 mil mortes nos transformam como nação? O que precisaremos para nos transformar em nação?

Recuperar a ideia de um luto coletivo é o primeiro passo para dizer que não aceitaremos a fatalidade da crise. O luto por aqueles que não resistiram às falências do Estado. Um luto por caminhos não tomados. Um luto por escolhas equivocadas. Um luto pela politização de uma pandemia, talvez a grande história que nossos descendentes contarão no futuro sobre nós.

Não são 100 mil mortes. São 100 mil pessoas. Não se trata de um destino inevitável, mas das consequências de ações e opções políticas.

O luto, portanto, como ato de resistência. Um grito de mobilização. O luto, enfim, como insurreição de consciências. Essa, sim, uma homenagem real àqueles que morreram e uma chama de esperança para os que permaneceram.

9 de agosto de 2020

El País

14

BASTA!

O vírus matou a legitimidade do governo de Jair Bolsonaro. E se isso ainda era motivo de dúvidas para uma parcela da população, a opção do presidente por comemorar nesta semana um suposto fracasso de uma vacina – e usar um cadáver como instrumento de poder – colocou em letras garrafais a dimensão da crise ética que vivemos.

Imoral, o governo da fraude, da violência, da ameaça e da mentira banalizou a morte.

As urnas o levaram ao poder. Mas sua legitimidade não se limita ao que ocorre na votação. Numa democracia, existe um ponto mágico no qual um governo deixa de ser legítimo. Isso acontece quando ele não só se mostra incapaz de proteger seus cidadãos, mas também atua deliberadamente para ampliar o sofrimento.

A chegada do vírus não foi uma responsabilidade do governo. Mas esteve em suas mãos a opção por outro caminho que jamais foi assumido. A pior crise sanitária em 100 anos poderia ter mobilizado uma nação por sua sobrevivência.

Em sua obra *A Negação da Morte* (Record), Ernest Becker apresenta a civilização humana como mecanismo de defesa contra a consciência de nossa morte. Estudos revelam ainda que uma população, quando confrontada com um desafio existencial, está disposta a abraçar um líder forte que, pelo menos psicologicamente, dê sinais de proteção.

Paradoxalmente, líderes tidos como "fortes" como Bolsonaro e Trump mostraram como tais termos são meras narrativas construídas para justificar uma característica que não passa de cortina de fumaça para esconder personalidades medíocres.

Asfixiada, a alma de um país encontrou ironicamente na distante eleição americana de um político tradicional um motivo para comemorar como se a escolha tivesse sido sua. Como se aquela alma machucada tivesse recebido um sopro de esperança diante de jovens de todas as cores que tomaram as ruas das cidades dos Estados Unidos para destravar 4 anos de um grito preso no peito.

Pária, Bolsonaro mergulha o país em sua irrelevância internacional e aprofunda o extremismo de suas declarações. Nesta semana, ensaiou uma ameaça contra Joe Biden, evocando a "pólvora" quando acaba a diplomacia. Mas, acima de tudo, caminhou na contramão de todas as grandes democracias do mundo ao não reconhecer a queda de Donald Trump.

14 – BASTA!

Não se trata apenas de manter um aliado. Ao se recusar a admitir o resultado, Bolsonaro fez uma demonstração perigosa de como está disposto a reagir se for derrotado em 2022.

Não há espaço para eleger santos. Mas chegou a hora de frear um movimento antidemocrático diante das evidências do caráter irresponsável de um líder. Talvez, assim, evitaríamos que esse movimento transforme uma nação em um experimento de destruição.

Evitaríamos que esses mesmos líderes transformem a sociedade em uma longa noite de pesadelos que, como num caleidoscópio, vão ganhando novos monstros a cada giro.

Em cada giro, uma dor do desmonte de uma democracia. Na história dessa dor, cada percurso de uma lágrima passa a ser tão vacilante como o rumo de uma nação que parece ter se esquecido de seu destino.

No poder, aqueles que conduzem o Estado deram claras demonstrações, nesta semana, de que não respeitam qualquer tipo de fronteira da ética.

Juntos, precisamos acordar desse pesadelo. O desafio não é o de travar uma batalha entre esquerda e direita. Mas sonhar com a construção da paz social, com a vitória da verdade.

As instituições precisam reagir, a sociedade não pode se calar e terá de se organizar. Não é mais o momento de transformar ataques à democracia em *memes* bem elaborados. Esse espaço, agora, precisa ser preenchido pela indignação, pois o que está em jogo é nosso futuro.

Chegamos ao limite da indecência e da imoralidade. Basta!

12 de novembro de 2020

El País

15

EM DEFESA DA REPÚBLICA

Entre as várias definições da República em diferentes momentos da história, uma delas se refere ao fato de que estamos tratando de um sistema que permite que uma minoria tenha seus direitos respeitados e garantidos, mesmo quando não faça parte do governo que chegou ao poder.

Ao optar deliberadamente pela humilhação e o escárnio, os membros do atual governo asfixiam algumas das bases da convivência cívica num país já marcado pelo racismo estrutural e pela desigualdade imoral.

A pandemia expôs um grupo no poder que demonstra a cada dia que não sabe qual o limite da indecência. E, em *lives* acompanhadas por personagens caricatos que desafiam ouvidos e o senso comum, enterram a cada instante as regras de uma república.

Como já escrevi, não é o gabinete que é de ódio. O discurso é repleto de morticínio. Morte de uma república profanada e insultada, infiltrada em suas agências de Estado por dogmas e corroída pela mentira.

Seriam ainda os ecos distantes dos brados de "Viva la muerte" dos falangistas diante da alma inconformada de Miguel de Unamuno, reitor da Universidade de Salamanca?

Parte da sobrevivência da parceria entre direitos, república e democracia passa pelas escolhas que fazemos nas urnas e por nossa ação diária na defesa das instituições. Neste dia 15 de novembro, uma vez mais, somos chamados a cumprir esse papel e a renovar a ideia de que o futuro está em nossas mãos.

Poderemos ter uma vacina para a Covid-19. Mas não existe uma vacina para blindar o sistema de ataques constantes do vírus da degradação institucional. Essa tarefa depende de nós.

Dilacerada por violações diárias, a república clama por ajuda, e a nossa geração tem um dever histórico de permitir que ela resista de mãos dadas com a democracia.

No verão de 1787, enquanto um grupo redigia o que seria a nova estrutura de poder nos Estados Unidos, uma multidão se encontrava diante do que ficaria conhecido como Independence Hall. Após horas de debates, Benjamin Franklin deixou a sala e deparou com as pessoas que aguardavam por notícias.

Uma senhora se aproximou e lhe perguntou: "então? O que temos?".

15 – EM DEFESA DA REPÚBLICA

Franklin respondeu: "uma república, senhora, se você conseguir mantê-la".

Aquele era um alerta. Os fundadores de uma república podem fazer leis e estabelecer princípios. Mas a tarefa de manter uma democracia e uma república cabe a cada uma das gerações, em uma construção permanente. Sem exceções.

15 de novembro de 2020

UOL

16

VACINA REVELOU COMO ESTAMOS ISOLADOS

Aqui jazem os restos conceituais da política externa do governo de Jair Bolsonaro, responsável por isolar o país do grupo das grandes democracias do mundo e destruir a reputação de uma nação. Entre 2020 e 2021, ela foi vítima de um vírus que desconhecia ideologia e a noção de soberania e zombava de fronteiras.

Na lápide da diplomacia do Brasil, essa bem poderia ser a descrição para quem um dia for visitar o memorial dedicado às ideias, projetos e políticas que não sobreviveram à pandemia.

Nas últimas semanas, o governo descobriu que o país está de joelhos diante de uma pandemia que ganha força. Descobriu que está sem imunizante, sem oxigênio, sem plano e sem alternativas.

Nada disso, porém, é culpa exclusiva do Sar-s-CoV-2. Depois de ter politizado a origem do vírus, a máscara e tratamentos, o governo tomou a decisão deliberada de repetir esse roteiro com o imunizante.

A demora e indefinição para começar a vaci-nação não foram acidentes de última hora. Trata-se do resultado dramático de decisões políticas adotadas ao longo de meses.

O primeiro passo nesse longo processo foi o de não aderir inicialmente ao projeto de uma coordenação global. Em abril de 2020, a Organização Mundial da Saúde (OMS) iniciou a construção de um sistema que permitiria uma distribuição equitativa da vacina pelo mundo. Uma espécie de fundo de vacinas permitiria que, uma vez autorizados os produtos, a coalizão garantiria a distribuição do imunizante para todos os países, atendendo inicialmente a 20% da população de cada um deles.

A ideia era simples: se o problema for deixado à mercê das forças do mercado ou do sistema internacional, os países emergentes e pobres poderiam ficar para o fim da fila na vacinação. Exemplos já existiam disso. Quando o H1N1 se abateu sobre o mundo, países ricos foram os primeiros a imunizar suas populações. Quando a vacina chegou aos países pobres, o surto já tinha terminado.

A aids também trouxe uma história similar. Por anos, as economias mais pobres ficaram sem acesso aos tratamentos, enquanto o coquetel já era uma realidade nos Estados Unidos e na Europa. Quando os remédios finalmente desembarcaram na África, os países mais pobres já somavam 9 milhões de mortes.

16 – VACINA REVELOU COMO ESTAMOS...

Na Organização Mundial da Saúde (OMS), técnicos e diretores estavam convencidos de que, na atual pandemia, esses erros não poderiam se repetir.

Mas a ordem no Itamaraty era a de não permitir que, durante a pandemia, os organismos internacionais ganhassem força ou se tornassem os locais de coordenação de uma resposta global. Mergulhado em seu combate contra o "globalismo" que destruiria as identidades nacionais, o Itamaraty ficou de fora de reuniões internacionais e, quando participou, fez questão de usar o palanque para rejeitar qualquer ideia que significasse um reconhecimento da necessidade de um plano global contra o vírus.

Naquele mês de abril de 2020, o Ministério da Saúde informou que não faria parte da aliança, batizada de Covax. Sua explicação: temos outros acordos bilaterais sendo costurados. Nunca explicaram quais eram esses planos.

Pressionado, porém, o Brasil acabou cedendo alguns meses depois e aderiu ao projeto, mas sem grande entusiasmo. Ao fazer seu pedido por vacinas no fundo global, solicitou o mínimo que poderia ser comprado: o equivalente a 10% de sua população. Pelas regras, países poderiam ter solicitado até 50% de sua população.

Hoje, sem apoio internacional suficiente, sem recursos e diante de governos pseudonacionalistas como o do Brasil, a aliança sofre para começar a distribuir vacinas. Em Genebra, na Suíça, vários negociadores acreditam que um envolvimento mais direto do Brasil no projeto poderia ter convencido outros a aderirem e teria transformado a aliança numa realidade imediata.

Se a via multilateral não interessava, a escolha por acordos bilaterais também se mostrou inapta e permeada por considerações ideológicas. Tentando frear a expansão da influência da China no mundo e mais preocupado em atacar o "comunavírus", o governo optou por promover uma campanha contra as vacinas chinesas.

Diversas empresas, nos últimos meses, relataram a entrega de propostas ao governo e a surpresa diante de respostas frias por parte do Planalto. No governo federal, a ideia era de que apenas a vacina da AstraZeneca seria suficiente.

Enquanto isso, pelo mundo, países tomaram a decisão de evitar a todo custo colocar todas as suas apostas em apenas um ou dois fornecedores de vacinas. Em Bruxelas, por exemplo, a União Europeia fechou acordos com seis empresas diferentes. Nos Estados Unidos, mesmo o governo de Donald Trump decidiu estabelecer acordos com seis fornecedores.

Na Coreia do Sul, o país garantirá seu abastecimento com três empresas, além de desenvolver projetos de uma vacina nacional com outros 15 laboratórios

16 – VACINA REVELOU COMO ESTAMOS...

nacionais. Na China, além de ter quatro vacinas já em negociações com a OMS para conseguir aprovação global, o governo fez questão de fechar um acordo com os alemães da BioNTech para um abastecimento extra de 100 milhões de doses. Outros pactos também estão sendo negociados com empresas ocidentais.

Sim, existe uma profunda escassez de vacinas no mundo. Mas é justamente num momento de crise que a capacidade de um país navegar e recorrer a aliados se mostra vital. No caso do Brasil, a aposta se mostrou desastrosa. Quando precisou de ajuda, descobriu que seus parceiros nacionalistas eram, de fato, nacionalistas.

Num dos episódios mais reveladores do amadorismo do Itamaraty, o governo preparou um avião para ir buscar os insumos da Índia, necessários para a vacina da AstraZeneca. Com pires na mão, Bolsonaro escreveu ao primeiro-ministro indiano, Narendra Modi. Mas, por enquanto, Nova Déli rejeitou fazer a entrega ao Brasil, priorizando (obviamente) o início de sua campanha nacional de vacinação.

Opções começam a ser buscadas em Israel e mesmo nos Estados Unidos. Mas, ao apagar das luzes do governo Trump e na chegada de Joe Biden, o governo já começa a descobrir a tradução da palavra "pária".

As opções para pedir ajuda ainda são limitadas. Afinal, a chancelaria fez questão de dedicar parte de seu tempo e esforço, e do dinheiro dos contribuintes brasileiros nos últimos anos, para ofender líderes estrangeiros e queimar pontes que tinham sido construídas por décadas com parceiros internacionais.

O mais irônico e trágico disso tudo é que a história poderia ter sido radicalmente diferente. O Brasil é um dos únicos países do mundo com capilaridade no sistema de saúde, experiência, conhecimento científico e capacidade de mobilização para vacinar milhões de pessoas por dia.

A crise brasileira, não por acaso, chama a atenção internacional. Nos bastidores da OMS, diretores não escondem o espanto sobre a situação do Brasil. "Vocês são um país com ótimos cientistas, orgulhosos de seu passado de saúde pública. O que ocorreu?", perguntou um dos líderes da agência no esforço contra a pandemia.

A resposta não se limita à dimensão da incompetência daqueles no poder. O fracasso é resultado direto de uma política externa que tem como pilar a ideologia, e não os interesses dos cidadãos.

Quando for iniciada, a maior campanha de vacinação da história do país dependerá num primeiro momento de uma vacina chinesa, justamente aquela que havia sido desprezada, ironizada e evitada pelo governo federal.

16 – VACINA REVELOU COMO ESTAMOS...

Independentemente da ironia de uma cena digna do realismo mágico, a demora do país em começar a vacinação e a falta de imunizantes suficientes não são acidentais, mas consequência de uma diplomacia que mostrou todos os seus limites e fracassou ao ser confrontada por seu maior teste.

18 de janeiro de 2021

El País

17

DANÇA MACABRA SOBRE MAIS DE 200 MIL CORPOS BRASILEIROS

Zig e zig e zig, a morte em cadência...
Golpeia uma cova com seu calcanhar,
A morte à meia-noite toca uma
melodia para dançar,
Zig e zig e zag, em seu violino.

Henri Cazalis, em seus versos que inspirariam o poema sinfônico de Camille Saint-Saëns, jamais imaginou que estaria narrando uma cena do século 21, em plena pandemia e num longínquo território do Planalto Central.

Mas a realidade é que seu poema não passa de uma paródia antecipada da realidade do Brasil atual.

As cenas que o Brasil conheceu, como a festa para 300 pessoas promovida nesta semana por Arthur Lira ao ser eleito presidente da Câmara de Deputados, são um insulto às milhares de famílias brasileiras que ainda buscam forças e razão para viver diante da perda de seus avós, filhos, cônjuges ou amigos queridos.

Imagens ofensivas, que geram náuseas. Uma comemoração do sepultamento de valores. Uma festa para iniciar uma procissão com o caixão de instituições. Danças para mandar um recado de que, em meio à corrupção de ideais, a democracia pede oxigênio.

São cenas que chocam diante da ousadia em desafiar um vírus, o bom senso, a ciência e a decência.

Não bastou termos um dos maiores números de casos da pandemia da Covid-19 do planeta. "Zig e zig e zag, a morte continua raspando incansável seu instrumento".

Não bastou um governo que promoveu políticas deliberadas para permitir a circulação do vírus e desmontou estruturas destinadas a lidar com a saúde. "Zig e zig e zig, Que sarabanda!"

Tampouco bastou "passar a boiada", forjar planos de poder, silenciar minorias pelo abandono e asfixiar sonhos. "Zig e zig e zag, vemos na banda o rei brincar com o vilão!".

Numa festa que foi um retrato da decadência moral, ecoava pelos salões um trecho de um dos versos finais do poema de Cazalis: "viva a morte".

4 de fevereiro de 2021

El País

18

CARTA AO SENHOR PRESIDENTE

Senhor presidente,

Uma vez mais, suas palavras sobre a pandemia ecoaram pelo mundo. Dos corredores da Organização das Nações Unidas (ONU) às padarias de bairro onde sabem que sou brasileiro, vieram comentar comigo e, no fundo, me confortar.

Estou cada vez mais convencido de que existe um enorme risco de que, ao final desta pandemia, o Brasil se transforme no "misterioso país das lágrimas". Acumuladas na alma de cada família, nas estatísticas dos jornais e no espírito de uma nação, as mortes registradas nos últimos meses tiraram um país de seu eixo, já frágil e já tão acostumado a enterrar seus filhos.

O senhor bem sabe que nada disso era inevitável. O destino do vírus estava em nossas mãos, como mostraram vários países do mundo que, mesmo sem uma vacina, o sufocaram. Já vocês preferiram sufocar nossos sonhos.

Existe uma percepção de que somos filhos de uma pátria, uma noção completamente equivocada, alimentada por perigosos nacionalistas que formam a base da ala mais radical de seu governo. Uma nação nasce de seus filhos, é determinada por sua coragem, moldada a partir de sua diversidade. Seu futuro depende daqueles que choram. Jamais daqueles que se acomodam.

No fundo, as lágrimas mais sinceras são da parcela mais otimista da sociedade. Do grupo que acredita que o mundo pode – e deve – ser melhor.

Presidente,

Quando seu líder máximo manda uma sociedade engolir o choro, sua mensagem é clara: parem de lutar. Aceitem o que existe. As lágrimas sabem que exigir que elas cessem é, por si só, um gesto autoritário.

Provavelmente o senhor sabe que chorar não é um sinal de fraqueza. Mas sim de indignação, de recusa em aceitar um destino.

Escrevo esta carta apenas para informar que vamos chorar até construir algo novo. Vamos chorar para permitir que cada uma das pessoas amadas que nos deixou seja lembrada como uma vítima de suas escolhas políticas. E não apenas como vítima de um vírus.

Essas lágrimas não serão engolidas. Pelo arco-íris que formam, elas são expressões de uma determinação para colocar fim em uma noite escura.

18 – CARTA AO SENHOR PRESIDENTE

Não choramos pelo passado. Não o resgataremos. Tampouco choramos por uma vontade de vingança.

Choramos para construir um futuro. E, evidentemente, são essas lágrimas que o senhor mais teme.

Saudações democráticas.

6 de março de 2021

19

"CEMITÉRIO DO MUNDO", BRASIL VÊ O ENTERRO DO QUE RESTAVA DE SUA REPUTAÇÃO

"Lamentamos muito". "Como está tua família?". "Quanto tempo falta para a próxima eleição?".

Entrar hoje na sede da Organização das Nações Unidas (ONU), em Genebra, Suíça, na condição de brasileiro é deparar com comentários indignados, gestos sinceros de solidariedade, questionamentos e certo grau de desconfiança vindos de todos os níveis. Do mais alto escalão de diplomatas aos funcionários mais modestos.

Nesta quinta-feira, os dados da pandemia no mundo divulgados no *site* da Organização Mundial da Saúde (OMS) dão uma dimensão da crise brasileira. No período de 24 horas considerado até o meio-dia, o mapa apresentava o Brasil com 2.841 óbitos.

O número é o equivalente a todas as mortes somadas nos seis países seguintes no *ranking* da agência de Saúde.

No mesmo período, morreram 993 pessoas nos Estados Unidos, 460 na Rússia, 431 na Itália, 356 na Polônia, 267 na Ucrânia e 236 na França. No total, o

Brasil correspondeu a quase 30% de todas as mortes por Covid-19 no mundo nessas 24 horas. Em termos de novas contaminações, também somos líderes.

Mas muito além dos números, o Brasil lidera acima de tudo num outro critério: o da falta de rumo. Entre diplomatas e negociadores estrangeiros, se desfaz em alta velocidade o que restava de uma reputação já abalada do país.

A percepção é de que o vírus poderia ser inevitável. Mas não a dimensão da destruição que ele está causando no país. "E, nesse aspecto, a responsabilidade é diretamente do presidente (Jair Bolsonaro), que se recusou a assumir a tarefa de proteger seu povo", comenta um interlocutor nas Nações Unidas.

Além da responsabilidade, há também a constatação da fragilidade de um sistema de um país já desigual, racista e injusto. O próprio diretor-geral da OMS, Tedros Adhanom Ghebreyesus, admitiu há poucos dias sua surpresa diante do colapso do sistema de saúde do Brasil. "Não era o que esperávamos", disse.

Num tom indignado, o garçom asiático responsável por servir café no único bar aberto da ONU nesses dias me lançou uma pergunta por sobre o balcão: "vocês não vão reagir?".

Não faltam ainda os momentos em que afloram os velhos e insistentes traços da xenofobia de certa

19 – "CEMITÉRIO DO MUNDO", BRASIL...

camada da população europeia. "Um caos como esse já era de se esperar quando o vírus chegasse a um local como o Brasil", comentou um dos responsáveis pela área de tecnologia no prédio da ONU.

Dentro de mim, um só pensamento surgiu ao ouvir essa frase: "com que moral vou rebater tal comentário?". Hoje, constato que, para o mundo, meu país é uma mistura de sinônimo de morte, incompetência, fundamentalismo religioso e negacionismo.

Desesperadora, a situação brasileira começa a ser alvo de um debate internacional, inclusive no sentido de avaliar algum tipo de resgate. Não por simpatia ao presidente Bolsonaro. Mas por uma constatação da comunidade estrangeira, de que o país representa uma ameaça sanitária. "O que ocorre no Brasil importa", disse Mike Ryan, diretor de operações da OMS.

Perguntei a um membro do alto escalão da OMS se não era o caso de ampliar a ajuda internacional ao Brasil. A resposta foi reveladora de como uma gestão incompetente pode ter papel decisivo: "estamos fazendo o possível. Mas a falta de uma coordenação nacional e mensagens que contradizem nossas recomendações não ajudam".

Ao final desta quinta-feira, ao deixar a sede da ONU em Genebra, encontrei um velho amigo diplomata num dos corredores semivazios do imponente prédio. O objetivo era que ele me contasse, "em *off*", bastidores de algumas negociações sobre resoluções que serão votadas nos próximos dias. Mas logo o tema da conversa voltou a ser a tragédia brasileira.

"O Brasil parece ser hoje o cemitério do mundo", lamentou o embaixador estrangeiro, numa frase que parecia soar pelas paredes de mármore. Vendo minha reação claramente emocionada, ele completou com um comentário ainda mais dolorido: "gostaria de te dar um abraço. Mas você esteve no Brasil recentemente?".

18 de março de 2021

UOL

20

A GUERRA DO BRASIL

Todos foram contaminados. Alguns, o vírus asfixiou. Para outros, ele gerou a fome, o desemprego e a depressão. Incapacidade de dormir para quem não sabe o dia de amanhã, medo de fechar os olhos para aqueles que temem não despertar. Explosão de problemas de visão para as crianças privilegiadas submetidas às telas que se multiplicam. Revelações da cegueira coletiva em adultos.

Oficialmente, chegamos perto de 300 mil mortos em apenas um ano, número equivalente aos 11 anos da guerra civil em Sierra Leoa. Superamos conflitos históricos como o do Líbano, dos Bálcãs, os 56 anos de guerra na Colômbia e mesmo a atual guerra no Iêmen.

Num primeiro momento, diante dos números e da ameaça global, rapidamente tiramos conclusões equivocadas de que o vírus era democrático. Mas basta ver as taxas de mortes e de sofrimento nas periferias, na população negra e indígena e entre os mais vulneráveis para entender como é ilusória essa declaração.

A palavra pandemia não está no feminino por acaso. São as mulheres as mais afetadas, mais sobrecarregadas e mais prejudicadas.

Desde o início da pandemia, governos democráticos e autoritários usaram o simbolismo da guerra para mobilizar e justificar medidas extraordinárias. Comparações fora de lugar e com objetivos políticos para lidar com um desafio que era social, não militar.

Mas a nossa guerra não foi um recurso de retórica. O país foi transformado em uma enorme Guernica, com trincheiras e rostos deformados em cada ônibus lotado, em cada casa sem esgoto, em cada corredor de hospital, no corpo estendido no chão em Teresina. Um corpo seminu, coberto de marcas de crimes.

Ironicamente, estamos sendo derrotados justamente no momento em que os militares se infiltraram no comando do Brasil. Prova – mais uma delas – de que uma guerra é importante demais para ser deixada para os generais.

Em meio século, seremos questionados pelos livros de história: o que fizeram aquelas pessoas em 2020 e 2021? Não faltarão pesquisas nos arquivos diplomáticos para descobrir que parte do esforço não foi para enfrentar o inimigo. Foi usada nas tribunas internacionais para mentir.

20 – A GUERRA DO BRASIL

Não faltarão alunos em choque ao descobrir que milícias – digitais ou suburbanas – agiram como braço armado de uma política deliberada de tentar desmontar e intimidar uma reação popular.

Tampouco faltarão estudos para mostrar que, num certo dia 23 de março de 2021, ao fazer um pronunciamento à nação, um charlatão fantasiado de presidente tentava esconder sua nudez obscena com manipulações e com Deus.

Se existe de fato uma comunidade de destino neste primeiro povo global, o atual momento coloca uma encruzilhada inédita para nossa geração.

Nesta guerra, de nada adiantará desfilar com as cores nacionais. A bandeira do patriotismo não será grande o suficiente para cobrir todos esses corpos e todas nossas almas dilaceradas. A soberania foi zombada por um inimigo que gargalhou das ideologias.

Sem coordenação, sem controle, sem um destino claro e sem um plano, o Brasil vive seu momento definidor tendo uma batalha em suas entranhas.

Quanto ao inimigo acostumado ao cheiro da morte, o realismo mágico do país o deixou assombrado. Afinal, descobriu, de forma impensável, que tem na liderança do próprio Estado um dos seus melhores aliados.

24 de março de 2021

21

BRASIL, INDIGNAI-VOS

Chora a nossa pátria mãe gentil. Choram Marias e Clarisses, mas também Julianas, Carolinas, Ruths, Danielas, Patrícias, Estelas, Anas e Milcas. Choram ainda Josés, Pedros, Joões e tantos outros.

Primeiro foram os hospitais públicos que declararam não ter mais vagas. Depois, foram os hospitais privados. E, por último, foram os cemitérios que suspenderam os enterros por falta de valas. Desesperada pela falta de acesso à saúde, a elite brasileira descobriu como vivem os brasileiros.

Nos últimos dias, o Brasil somou mais mortes que o total das vítimas do desembarque aliado da Normandia. E, diante de um Estado fracassado, nenhum ato solene, nenhuma medalha, nenhuma declaração de reconhecimento, e muito menos ações para compensar as perdas foram consideradas.

O trauma pelo qual passamos exigirá Justiça, um processo de reconstrução da memória e uma investigação. As cicatrizes são profundas.

Mas a história não irá nos poupar quando perguntar: o que faziam aquelas pessoas enquanto o país sepultava diariamente seu futuro?

Nossa geração tem um desafio de grandes proporções. Precisaremos de uma ruptura com o que parece ser um destino intransigente que nos persegue e teima em adiar nossos sonhos.

Mas, para isso, o oxigênio deve ser destinado para a indignação, talvez a mesma que permita a uma flor a audácia de romper um inverno.

Num país historicamente insensível aos corpos estendidos no chão, em viadutos ou em arcos de obras arquitetônicas premiadas, a Covid-19 aprofundou a banalização da morte e ganhou novas proporções diante de um governo que adotou uma estratégia deliberada de desvalorização da vida.

A indignação, se também morrer, pode ser fatal para uma sociedade. Ao longo da história, ela foi o alicerce de mudanças. Hoje, só ela nos resta para entender que, no cemitério Brasil, o enterro é do futuro, justamente num país que jamais sepulta seu passado. Só ela nos mostra que nada disso era inevitável.

A indignação não apenas move a ação. Ela é a mãe da dignidade, palavra essa que foi deliberadamente resgatada para ser usada na Declaração Universal de Direitos Humanos de 1948 e assim marcar

21 – BRASIL, INDIGNAI-VOS

uma ruptura com o horror da morte. Naquele texto, repleto de indignação, estabelecia-se que a dignidade é um direito inalienável.

Na mesma Declaração, pode-se ler o óbvio em uma frase poderosa: todos têm o direito à vida. O poder intransigente nessa sentença não vem da palavra vida. Mas da constatação de que ela é um direito de todos.

Em muitos sentidos, depois do horror nazista, aquele texto inaugura uma nova era para o que consideramos como uma vida digna.

Luis Alves Neto e Luiz Antonio Teixeira, ambos da Fiocruz, apontam que Foucault já descrevia como a Era Moderna tinha criado uma nova maneira de lidar com a vida e com a morte. Se na Idade Média a autoridade tinha o poder de fazer seus súditos morrerem ou deixar que eles sobrevivessem, a política atual é baseada em outro pilar: governos têm o dever de permitir que cidadãos vivam. A saúde, portanto, é um assunto de Estado.

Mas quando não há a defesa da vida, quando a dignidade é abandonada e quando a fronteira da morte é cruzada, o contrato social foi abalado de forma permanente. Quando não há mais espaços nas funerárias, uma sociedade precisa interromper sua procissão de caixões sem rumo para se indignar e romper o sepultamento diário de um projeto de país.

A principal divisão no mundo não é entre esquerda e direita. Nem entre religiosos e ateus. Mas entre humano e desumano. E é nessa encruzilhada civilizatória que nossa geração no Brasil se encontra.

Há 10 anos, o cientista político Alan Wolfe também já alertava que matar todos os judeus não foi um gesto de loucos. Foi um plano de poder. Expulsar todos que não se parecem com você não é uma questão de insanidade, busca garantir o domínio eterno de um grupo da sociedade. Aterrorizar pessoas indefesas não é uma doença, é um meio de forçar o inimigo a desistir. Há, portanto, um método em toda a aparente loucura, concluiria Wolfe.

Os 20 mil mortos nesta semana ou os mais de 300 mil em um ano não são resultado de loucuras. Enquanto as autoridades forem acusadas de insanidade, estaremos dando provas de que nada entendemos de governo.

Para nós que ficamos, o único monumento que podemos erguer em homenagem aos que partiram é reconstruir o país. E, para isso, resgatar a indignação é o primeiro degrau de um longo caminho.

Só com ela é que, murmurando entre quatro paredes, nas artes, nos hospitais, nas escolas, nas escolhas de atitude, por Zoom ou nos berros das manchetes, poderemos devolver a pergunta sobre onde estávamos.

21 - BRASIL, INDIGNAI-VOS

E rebater a quem ajudou a disseminar a escuridão com outra pergunta ainda mais poderosa: "quando o dia raiar, onde é que vocês vão se esconder?".

3 de abril de 2021

El País

22

E SE GAGARIN TIVESSE POUSADO NO BRASIL?

Há exatos 60 anos, Yuri Gagarin se transformava no primeiro homem a ir ao espaço. Muito se falou da preparação de sua viagem, de sua conquista e do que ela significou para a manipulação do poder soviético, em plena Guerra Fria.

Mas o que ocorreu quando ele retornou ao planeta?

A história conta que seu local de pouso foi amplamente equivocado. Gagarin caiu perto da cidade de Smelovka, a centenas de quilômetros do ponto planejado pelos cientistas.

Em terra estavam, literalmente, duas pessoas. Uma avó e uma menina de 5 anos, ambas plantando batatas.

A garota contou que havia visto um objeto vermelho despencando do céu. Mas sua avó estava ocupada demais com as batatas e tentando evitar que as vacas as comessem.

Instantes depois, a menina viu um objeto laranja caminhando em sua direção, com um capacete.

Assustada, a avó deu a mão à neta e começou a rezar. Tentaram correr, quando ouviram de dentro do capacete uma voz em russo gritando: "esperem, sou russo!".

Sem entender nada, a avó perguntou de onde ele teria vindo, apenas para ouvir uma resposta ainda mais estranha: "do céu". A região não tinha luz elétrica e ninguém sabia que Moscou tinha mandado um homem para o espaço.

A história ampliou o mito de Gagarin, amplamente usado pelo Kremlin em sua propaganda comunista.

Mas, e se o cosmonauta tivesse pousado no Brasil de 2021?

Em primeiro lugar, haveria o risco real de cair em uma zona na qual sua explicação de que "veio do céu" seria denunciada como insulto e blasfêmia. Uma vigília seria organizada, enquanto a pasta de Damares Alves seria acionada.

Não faltariam questionamentos sobre seu capacete. "Onde já se viu um exagero desse contra um vírus que nem existe?", diria algum vereador local. "Marica", declararia um presidente.

Ao responder que era russo, a história daquele cosmonauta poderia ter sido de uma vez por todas golpeada: "Comunista!", gritaria outro. "Nossa

22 – E SE GAGARIN TIVESSE POUSADO...

bandeira jamais será vermelha!", completaria um colega, perguntando em voz baixa ao vizinho qual a diferença entre russo, esquerdista e soviético.

Para além da propaganda que ele representou, Gagarin é mais uma testemunha, ator e porta-voz do avanço da ciência e de que, para a genialidade humana, não existem fronteiras.

Há 60 anos, a história dava mais um passo nessa fascinante direção. Provavelmente, sem ele, os americanos não teriam acelerado seu programa espacial. Foi essa concorrência e a conquista do espaço que nos trouxeram avanços reais para nossas vidas cotidianas, inclusive ajudando a manter uma vida mais saudável no planeta.

Painéis solares, monitores de batimentos cardíacos, tratamentos contra o câncer, sistemas de purificação de água e, claro, os computadores em que hoje lidamos com a realidade são frutos dessa aventura.

Mas a ciência também tem seu papel filosófico. Ao termos a possibilidade real de explorar o espaço, as perguntas se multiplicam: podemos sobreviver de outra maneira?

A mudança e a ciência – ao lado do amor – certamente são alguns dos aspectos mais misteriosos da humanidade. Quando um primeiro homem inventou um primeiro instrumento, buscava facilitar seus dias, construir um futuro melhor. Essa era a aposta de que o amanhã seria melhor do que hoje, de que a vida vencerá.

Há uns meses, perguntei a Greta Thunberg se ela teria alguma mensagem a enviar a Jair Bolsonaro. Ela me olhou, sorriu e lançou: "Escute a ciência". Hoje, o nosso desafio é o de implementar uma mudança para salvar o planeta. E, mais uma vez, a resposta também estará na ciência.

A pandemia está nos dando, talvez, um último e sério alerta. Ela também mostra que quem apostou na ciência viu os resultados para suas populações. Quem a minimizou, esnobou ou preferiu adotar o caminho da charlatanice acumula corpos.

Que a data deste 12 de abril seja despida da batalha ideológica que marcou a Guerra Fria e que seja lembrada como a vitória da ciência e da conquista da humanidade, num momento em que o obscurantismo é uma ameaça tão real quanto o próprio vírus.

12 de abril de 2021

El País

23

SE PUDER, EVITE MOSTRAR PASSAPORTE BRASILEIRO

— Sr. Chade, o senhor tem documento de residência fixa na Europa?

— Sim.

— Então não traga seu passaporte brasileiro.

— Como?

— Por conta da Covid-19, a apresentação de um passaporte brasileiro pode gerar muitas perguntas e existe o risco de que o processo atrase. Basta ter o documento de residência. Esconda o passaporte brasileiro, se puder.

Nesta semana, num trâmite burocrático banal em Genebra, na Suíça, fui surpreendido por uma funcionária que me sugeriu esconder meu documento e, no fundo, minha nacionalidade. Pelo tom de voz, pela amabilidade de seus gestos e por seu compromisso em dar uma solução para a pendência administrativa, estou convencido de que ela fez a sugestão com o único objetivo de me ajudar.

Ela apenas tentava evitar que o caso fosse tratado com algum tipo de discriminação, hesitação ou uma nova etapa de questionamentos sobre onde estive nos últimos meses, se tive contato com algum brasileiro etc.

Mas o que seu comentário demonstrou é que, hoje, ser brasileiro no exterior é ser alvo de constante questionamento, de desconfiança. A crise no país não é apenas uma das maiores do mundo. Mas a falta de controle por parte do Estado e a recusa do presidente Jair Bolsonaro em lutar contra o vírus são vistas como elementos extras que aprofundam a destruição da credibilidade do país.

O que a funcionária disse apenas revelou um fenômeno já descoberto pelos brasileiros que vivem no exterior em plena pandemia e que terão de enfrentar: a percepção de que somos tóxicos.

Não se trata de algo exclusivo ao nosso país. No início da pandemia, atos de xenofobia e insultos foram acumulados contra chineses e, de forma geral, contra asiáticos. Quando a Itália se transformou no epicentro da crise europeia, não foram poucos os italianos que relataram como eram tratados com desconfiança pelo resto da Europa.

Na Organização das Nações Unidas (ONU), em organismos internacionais e ONGs, a constatação é de que a pandemia abriu uma onda de ódio, discriminação e xenofobia de enormes proporções.

23 – SE PUDER, EVITE MOSTRAR...

Talvez o aspecto mais irônico tenha sido o fato de que parte desse ódio foi incentivado por líderes políticos, entre eles Jair Bolsonaro, seus filhos e ministros.

Hoje, são os brasileiros – muitos dos quais votaram em Bolsonaro – que são alvos dessas reações discriminatórias, piadas e comentários irônicos. Nas redes sociais, a explosão dos estereótipos e ataques contra mulheres brasileiras ganhou nova dimensão diante das supostas piadas sobre a mutação do vírus.

A imagem deteriorada do Brasil no exterior não foi inaugurada com a pandemia. Ainda em 2019, a juventude europeia descobriu Bolsonaro e o colocou num patamar de vilão do clima. Agora, é o símbolo do absurdo e referência ao se falar em morte.

Uma imagem não é apenas questão de andar com a cabeça erguida ao percorrer o mundo. Construída, a imagem se reverte no desejo do mundo em visitar o país, em investir, em receber seus nacionais, em considerar o país como parte de um grupo que deve ser consultado sobre o futuro do planeta. Ou seja, a imagem de um país pelo mundo é parte de sua estratégia de desenvolvimento, de busca por recursos, de acesso a mercados e de garantia de respeito a seus cidadãos.

Reverter tal colapso levará muito tempo e dependerá de ações concretas.

Mas num evento que marca o século, o Brasil conquistou lugar garantido no imaginário coletivo do planeta e nos livros de história. E da pior forma possível.

6 de maio de 2021

UOL

24

SELEÇÃO TEM ENCONTRO MARCADO COM A HISTÓRIA

Se os jogadores da seleção entrarem em campo vestindo o símbolo nacional e vencerem a Copa América, deixarão o torneio com mais uma medalha, um troféu para a sala de exposições da Confederação Brasileira de Futebol (CBF) e alguns milhões de dólares.

Mas, se optarem por não entrar em campo, entrarão para a história.

Nos últimos dias, ouvi comentários de que, ao se recusarem eventualmente a disputar o torneio, os jogadores estarão politizando a seleção.

Quem diz isso parece desconhecer o fato de que é justamente entrando em campo e aceitando um evento extra, num país com quase 500 mil mortos por causa da Covid-19, que esses atletas estarão ajudando a politizar a seleção.

Ao cantar o Hino num estádio brasileiro, serão cúmplices aos olhos do mundo de um governo que abandonou a função de proteger seus cidadãos. Vendedores de ilusão, charlatães e negacionistas torcem por um evento que possa desviar a atenção de um povo humilhado.

Sim, o torneio tem seu objetivo comercial, e um cancelamento terá consequências para entidades privadas. Mas ele, inegavelmente, serve hoje a um objetivo político.

Quem insiste em defender que atletas não devam ter posição política ignora – ou opta por ignorar – que essa é a melhor receita para permitir que apenas aqueles que controlam a seleção possam utilizar o símbolo nacional com objetivos políticos.

Com anos de desconfianças e traições, não é de surpreender que muitos de nós estejamos com um pé atrás diante da reação dos jogadores. Será apenas uma cortina de fumaça diante da crise interna na CBF? Será apenas uma manobra dos "europeus" para poupar seus jogadores?

Todas essas questões e dúvidas são legítimas. Ainda assim, um boicote terá impacto importante. Futebol e política se misturam. Sempre.

Desde o ano 2000, percorri mais de 70 países, viajei com papas, chefes de Estado, secretários-gerais das Nações Unidas, visitei campos de refugiados, acompanhei resgates de vítimas de conflitos, apertei a mão de criminosos de guerra e de heróis.

24 – SELEÇÃO TEM ENCONTRO MARCADO...

Mas em praticamente todas essas ocasiões, nas diferentes culturas, religiões e línguas que conheci, sempre que eu me apresentava como brasileiro, meu interlocutor abria um sorriso e fazia um comentário sobre a camisa amarela mais conhecida do planeta.

Lembro-me de estar no interior da Tanzânia numa reportagem sobre o fato de que remédios essenciais não chegavam a uma população negligenciada em seus direitos. Mas, num bar miserável, um pôster na parede mostrava, com orgulho surreal, a imagem de Cafu levantando a taça da Copa de 2002.

Como é que aquele pôster tinha ido parar ali, se nem mesmo existiam voos ou estradas asfaltadas até o local?

Em outra ocasião, fui até a fronteira entre a Jordânia e o Iraque, no Oriente Médio, em plena guerra pela derrubada de Saddam Hussein, em 2003. Famílias inteiras haviam deixado o país por causa dos bombardeios e estavam presas numa terra de ninguém.

A areia deixava o ar, e tudo que se podia tocar, com uma aparência suja. Até que vi, entre uma tenda de refugiado e outra, um garoto de no máximo 4 anos vestido inteiramente com o uniforme da seleção brasileira. De onde havia surgido aquilo? O pai, ao saber que eu era brasileiro, veio me apresentar o menino: "Esse é meu filho Ahmadinho".

Fui enviado aos rincões mais pobres da Etiópia para cobrir o problema da fome, e deparei com um time inteiro de garotos que não tinha ônibus para ir aos locais das partidas que disputavam, não tinha treinador e apenas contava com uma bola. Mas todos usavam a mesma camisa: "10", de Ronaldinho. Parecia uma miragem.

Nesse périplo pelo mundo, um fato sempre me surpreendeu: como nós, brasileiros, somos identificados pela nossa Seleção.

Sim, trata-se de uma visão simplória, injusta, estereotipada. O Brasil é muito mais que isso. Mas essa realidade também revela que aquela camisa amarela faz parte de nossa identidade e vai muito além de representar um time de futebol. Faz parte de quem somos no mundo, gostemos ou não.

O problema é que esse bem cultural, essa Seleção que se diz "nacional", que usa nossas cores, canta o nosso Hino e diz nos representar, foi apropriada por um grupo que enriqueceu e acumula poder com base em nossa emoção. Em nossa identidade.

Uma revolta de jogadores neste momento será aplaudida pelo mundo, que vê hoje o Brasil como uma ameaça sanitária internacional e lamenta o governo que temos. Será uma seleção que entrará para a história, ainda que sem um título.

24 – SELEÇÃO TEM ENCONTRO MARCADO...

Na pátria de chuteiras, a ameaça desses atletas não é um convite aos torcedores para que saiam às ruas e queimem a camisa amarela.

Muito pelo contrário. É apenas um chamado para que ela volte a ser usada com orgulho, símbolo de resistência e, talvez, até dos direitos humanos.

Não da morte.

5 de junho de 2021

UOL

25

SILÊNCIO DA SELEÇÃO É CUMPLICIDADE DIANTE DA MORTE

Não existe neutralidade numa guerra pela sobrevivência. Não há como ficar sobre um muro quando o que está em jogo é a vida. Existem circunstâncias em que o silêncio é paz. Em outras, é crime e cumplicidade.

A seleção brasileira de futebol tinha encontro marcado com a história. Optaram por não aparecer. Em vez de se posicionarem diante de 500 mil mortes num país governado por um negacionista, seus jogadores abriram espaço para que o símbolo nacional fosse uma vez mais manipulado por interesses privados e políticos.

Ao decidirem jogar a Copa América e publicar um comunicado oco, os jogadores prorrogaram a ruptura entre a seleção e uma parcela da população. Belas jogadas não serão suficientes para restabelecer essa relação de amor, por mais que o locutor prolongue por eternos minutos o grito de gol.

Nos últimos dias, não faltaram vozes fazendo eco ao discurso dos aliados do governo de Jair Bolsonaro sobre o fato de que a Copa América nada representa em termos de risco extra. Afinal, dezenas de torneios estão sendo disputados no país.

O argumento é tão fraudulento quando as próprias estratégias de poder do Planalto.

Mas há uma enorme diferença entre o calendário regular do esporte – já extremamente complicado e polêmico – e a decisão do governo de acolher uma das principais competições do futebol mundial. Nenhum outro torneio serve de palanque político de forma tão clara como um evento que, depois de ter sido recusado por Colômbia e Argentina, encontra alguém para o salvar.

Acima de tudo, o que mais importa é o recado que essa decisão envia, e sua construção de um significado precisa ser entendida.

Ao tomar essa decisão, o governo manda uma mensagem de que há uma normalidade vigente e que a crise está sob controle, potencialmente desviando o foco que recaía sobre o acúmulo de corpos empilhados, denúncias de corrupção e uma Comissão Parlamentar de Inquérito (CPI).

Ao se comprometer em organizar o evento, manda também um sinal subliminar de que existem outras prioridades e que o vírus não pode determinar nossas vidas.

25 – SILÊNCIO DA SELEÇÃO É...

O que o governo não diz é que os números no país vão na contramão do mundo, segundo a Organização Mundial da Saúde (OMS). Na semana passada, enquanto a pandemia regrediu 15% em média no planeta, ela subiu 7% no Brasil.

O criador de uma mensagem de que há espaço para um torneio continental sabe que não pode rebater números. Mas vai buscar na paixão dinâmicas que possam desmontar ou asfixiar a realidade da crise.

Os significados de um evento, de um ato ou de um produto são erguidos em parte por aqueles que os constroem. Nessa obra, aqueles garotos que entram em campo são instrumentos.

Ao dizer que não gostariam de tomar uma atitude política, jogadores abriram espaço para que, uma vez mais, o torneio seja um instrumento político. Bolsonaro será convidado para sua abertura e, se o Brasil vencer, certamente vai desfilar com o troféu.

Mas, seja qual for o resultado do torneio, a realidade é que sua realização ampliou o sequestro de um uniforme que é praticamente uma segunda pele para um país que eternamente busca sentidos.

Desbotado, o amarelo do uniforme hoje desfila como a cor do ódio, da falta de humanidade.

Essa camisa é símbolo de lucro e poder, vestida por indivíduos que dizem lutar contra a corrupção. Ironicamente, se fantasiam, traduzem e dão vida na Avenida Paulista para o conceito de Ortega y Gasset de "homem-massa", "esvaziado da sua própria história".

Entre as várias redefinições que a pandemia nos exige, ela também reabre o debate sobre o significado dessa nossa segunda pele.

Para algumas culturas, a cor amarela é associada à riqueza e à coragem. Em outras, é de uso quase exclusivo dos líderes de uma sociedade. Mas ela também significou ao longo da história a contradição do ser humano. No século 10, na França, as portas de casas de pessoas consideradas criminosas ou traidoras eram pintadas de amarelo. Na China, há uma associação do amarelo com a pornografia.

Cores e atos ganham significados ao longo de nossa existência. Eles podem mudar, como num caleidoscópio no qual, em cada giro, adicionamos uma nova pedra. Mas nós é que damos a elementos físicos, cerimônias, tragédias e eventos suas definições.

Hoje, no Brasil do século 21, a cor do luto continua sendo o negro. Já a do escárnio é o amarelo.

10 de junho de 2021

El País

A Editora Contracorrente se preocupa com todos os detalhes de suas obras! Aos curiosos, informamos que este livro foi impresso no mês de fevereiro de 2022, em papel Pólen Soft 80g, pela Gráfica Grafilar.